W9-CLS-475

COLLECTION LES CHEMINS DE LA PRIÈRE N° 3

Prier avec son corps

Du même auteur
(derniers ouvrages publiés)

POÉSIE

Marcheur d'une autre saison, Éditions du Noroît/Le Dé bleu, 1995.
Ce jour qui me précède, Éditions du Noroît, 1997.
L'Empreinte d'un visage, Éditions du Noroît, 1999.
L'Invisible chez-soi, Éditions du Noroît, 2002.
Pêcher l'ombre, haïkus, Éditions David/Le Sabord, 2002.
Haïkus aux quatre vents, Éditions David, 2004.
Chemins du retour, Écrits des Hautes-Terres, 2006.

ESSAIS

La Théopoésie de Patrice de La Tour du Pin, Bellarmin/Cerf, 1989.
Les Défis du jeune couple, Le Sarment-Fayard, 1991 ; rééd. 2002.
Que cherchez-vous au soir tombant ? Les hymnes de Patrice de La Tour du Pin, Cerf/Médiaspaul, 1995.
Thérèse de l'Enfant-Jésus, docteur de l'Église, Anne Sigier, 1997.
L'Expérience de Dieu avec Jean de la Croix, Fides, 1998.
Prier quinze jours avec Patrice de La Tour du Pin, Nouvelle Cité, 1999.
La Crise de la quarantaine, Le Sarment-Fayard, 1999 ; rééd. 2002.
L'Expérience de Dieu avec Paul de Tarse, Fides, 2000.
Entretiens avec Thérèse de Lisieux, Novalis/Bayard, 2001.
Thérèse de Lisieux, une espérance pour les familles, Béatitudes, 2003 ; rééd. 2007.
J'ai soif. De la petite Thérèse à Mère Teresa, Parole et Silence, 2003.
Les Mots de l'Autre, Novalis, 2004.
Les Saints, ces fous admirables, Novalis/Béatitudes, 2005.
Prier : pourquoi et comment, Presses de la Renaissance/revue *Prier*/Novalis, 2006.
Du temps pour prier, Presses de la Renaissance/revue *Prier*/Novalis, 2007.
Prières de toutes les saisons, Bellarmin, 2007.
Notre cœur n'était-il pas brûlant ?, Parole et Silence, 2007.

RÉCITS

Toi, l'amour. Thérèse de Lisieux, Anne Sigier, 1997 ; rééd. 2001.
Le Voyage de l'absente, Écrits des Hautes-Terres, 1999.
Se purifier pour renaître, Presses de la Renaissance, 2004.
Fioretti de sainte Thérèse, Novalis, 2005.
Thérèse de l'Enfant-Jésus au milieu des hommes, Parole et Silence, 2005.

ROMAN

Le Secret d'Hildegonde, Vents d'Ouest, 2000 ; Le Sarment, 2001.

Jacques GAUTHIER

Prier
avec son corps

Ouvrage réalisé
sous la direction éditoriale de Christophe RÉMOND
avec la collaboration d'Elisabeth MARSHALL

Dans la même collection :
n° 1 – Prier : pourquoi et comment, 2006
n° 2 – Du temps pour prier, 2007

Prier avec son corps est publié par Novalis
et Les Presses de la Renaissance.
Couverture : Nord Compo
Conception graphique : Benoît Mahieux

© Novalis, Université Saint-Paul, Ottawa, Canada, 2006
Novalis, 4475, rue Frontenac, Montréal (Québec), H2H 2S2
          C.P. 990, succ. Delorimier, Montréal (Québec), H2H 2T1
Les Presses de la Renaissance, 12 avenue d'Italie, 75627 Paris,
cedex 13

Dépôts légaux : 4ᵉ trimestre 2007
          Bibliothèque nationale du Canada
          Bibliothèque nationale du Québec

Novalis
ISBN : 978-2-89646-012-0

Les Presses de la Renaissance
ISBN : 978-2-7509-0361-9

Nous reconnaissons l'aide financière du gouvernement du
Canada par l'entremise du Programme d'aide au développement de l'industrie de l'édition (Padié) pour nos activités
d'édition.

Imprimé au Canada

À Dom Yvon Moreau

« Qu'il est doux parfois d'être de ton avis,
frère aîné, ô mon corps,
qu'il est doux d'être fort
de ta force,
de te sentir feuille, tige, écorce
et tout ce que tu peux devenir encor,
toi, si près de l'esprit.

Toi, si franc, si uni
dans ta joie manifeste
d'être cet arbre de gestes
qui, un instant, ralentit
les allures célestes
pour y placer sa vie. »

Rainer Maria Rilke, *Vergers*

Introduction

Dans le premier tome de la collection « Les chemins de la prière », je posais les questions du pourquoi et du comment prier. Dans le second, *Du temps pour prier*, j'abordais une facette essentielle de la prière : le temps. Comment prendre du temps pour prier et comment persévérer ? Pour ce troisième guide, j'ai choisi d'approfondir un autre élément central dans l'acte de prier : le corps. J'en ai déjà glissé un mot dans les deux livres précédents. La prière s'exprime dans le temps, avec ou sans mots, à travers le corps qui soutient l'élévation de l'âme vers Dieu. Mais comment prier avec son corps ?

Le langage du corps

Le corps humain parle dans la prière, nous pouvons lui faire confiance. Il possède son propre vocabulaire : soupir, silence, cri, larmes, gestes, attitudes, supplication, bénédiction, chant, danse... Qui pourrait douter de son intelligence et de sa sagesse ? Certainement pas ces hindous debout sur les rives du Gange, immobiles au lever du jour, ces juifs tournés vers Jérusalem, ces musulmans prostrés devant Allah, en direction de La Mecque, ces moines dans leurs stalles qui s'inclinent au « Gloire au Père, au Fils et au Saint Esprit ».

Il y a une gestuelle dans la prière que l'on retrouve dans toutes les religions, même si les représentations du divin divergent : être debout pour louer et accueillir, s'agenouiller et se prosterner pour adorer et demander pardon, s'asseoir pour écouter et méditer. La prière inspire telle attitude physique qui aide à prier, tant le corps et l'âme sont étroitement liés, comme le souffle l'est à la vie, l'arbre à la terre.

Le corps terrestre, ce « frère aîné », écrivait le poète Rilke, est un « arbre de gestes » qui, uni à l'esprit, nous fait toucher le ciel. il exprime la prière par de simples gestes, comme ceux si nuancés de la main : mains levées pour intercéder et offrir, mains ouvertes pour demander et recevoir, mains jointes pour supplier et se recueillir, mains croisées sur la poitrine pour intérioriser et écouter.

> Je t'appelle, Seigneur, tout le jour,
> je tends les mains vers toi. (Psaume 87, 10[1].)

---

1. Les références bibliques renvoient toujours, dans la Bible, au nom du livre, suivi du numéro du chapitre et de celui (ou ceux) du (ou des) versets. Nous avons choisi la traduction liturgique

C'est avec le corps que nous nous plaçons devant Dieu et que nous tendons les mains vers lui. Le corps soutient la prière. Il n'est pas seulement l'acteur par lequel s'exprime la prière, mais il est aussi le moteur qui la déclenche. La posture corporelle crée telle attitude intérieure qui se change en prière. Pour savoir si la posture que nous utilisons dans la prière est bonne, voici deux critères essentiels : nous pouvons la maintenir assez longtemps et il y a correspondance entre ce que nous faisons et ce que nous sommes.

Dans la prière chrétienne, toutes les positions et tous les gestes sont bons. Ils nous conviennent s'ils aident à entrer en relation avec le Père qui nous aime tel que nous sommes, à se recueillir dans l'Esprit qui vient en aide à notre faiblesse, à vivre un cœur à cœur avec le Christ qui s'est livré par amour pour nous, comme le dit saint Paul :

> Je vis, mais ce n'est plus moi, c'est le Christ qui vit en moi. Ma vie aujourd'hui dans la condition humaine, je la vis dans la foi au Fils de Dieu qui m'a aimé et qui s'est livré pour moi. (Galates 2, 20.)

Le corps est un partenaire primordial sur les chemins de la prière. Il nous assiste pour que nous vivions l'attention amoureuse à Dieu, que ce soit dans l'oraison silencieuse ou dans la liturgie. Qu'il soit en bonne santé ou malade, jeune ou vieux, joyeux ou douloureux, il doit être « l'ostensoir de l'âme priante », selon la belle expression du chanoine Henri Caffarel. Il a parfois besoin d'objets, tel le chapelet, comme support matériel à la prière répétitive. À nous de voir ce qui peut nous aider

---

de la Bible, celle à laquelle l'Église des pays francophones se réfère pour sa prière.

à prier. Nous pouvons aussi nous mettre en marche pour accomplir un pèlerinage. La route devient un lieu de prière. Nous prions en marchant, au rythme des saisons. Ne sommes-nous pas des voyageurs ici-bas, des pèlerins de passage qui vont à la rencontre de Celui qui est, qui était et qui vient ?

Peut-être avons-nous une mauvaise image du corps en ces temps où des marchands de rêves imposent des critères esthétiques qui ne correspondent pas à la réalité. N'oublions pas que Dieu s'est fait corps en Jésus. Le corps humain est donc le lieu de Dieu, la demeure où il se révèle. En tant que chrétien ou chrétienne, le corps est baptisé et « eucharistié ». Ce corps, « temple de l'Esprit Saint » (1 Corinthiens 6, 19), est créé pour être donné, non pour être exploité. Par la prière, il apparaît dans toute sa dignité, au-delà des apparences et des modes. Complice de l'âme, il lui est soudé comme un frère bien-aimé qui vibre au même diapason du désir d'aimer. La prière peut nous aider à accepter notre corps et à acquérir la paix du Christ qui surpasse toute connaissance.

Donnons à notre corps le repos qu'il réclame et nourrissons-le comme un ami. Apprenons à l'habiter, l'écouter, le respecter, l'apaiser, par la respiration, le silence, les postures de la prière. « Tu es » un corps beaucoup plus que « tu as » un corps. Il n'est pas une prison dont l'âme doit s'évader ni un objet de performance et de consommation. Le corps exprime le psychisme ; il manifeste le mystère de l'être créé à l'image de Dieu.

Notre histoire, notre mémoire, nos blessures sont profondément inscrites dans le corps. C'est avec ce corps imparfait que nous prions, non avec celui qui est idéalisé dans les magazines, inaccessible à la majorité des gens. Le corps que tu es, c'est toi qui aimes, qui pries, qui souris, qui communiques, qui donnes... Il est appelé à être spirituel, tout imprégné de l'Esprit Saint, car le corps est « pour le Seigneur Jésus, et le Seigneur est pour le corps » (1 Corinthiens 6, 13).

Ce fut une grande intuition de l'Orient non chrétien d'avoir montré l'importance des postures du corps et de la respiration dans les différentes techniques de méditation. Pensons à l'intérêt que suscite le bouddhisme pour nos contemporains souvent angoissés et désorientés. Par contre, nul besoin de faire du yoga ou de pratiquer le zen pour bien prier. Ces techniques de relaxation peuvent préparer à la prière, mais elles ne sont pas la prière. Il faut les prendre pour ce qu'elles sont, de simples moyens, dont les philosophies diffèrent de la nôtre, ce qui demande un certain discernement.

Dans le christianisme, union à Dieu et amour du prochain sont inséparables. Le corps qui prie est un corps qui s'engage envers l'autre. Jésus passe beaucoup de temps seul pour prier son Père, mais c'est pour mieux retourner vers les humbles et les petits. La prière chrétienne est un face à face avec le Christ et avec le prochain. Il n'est pas seulement contemplation du visage du Christ, « Celui qui m'a vu a vu le Père » (Jean 14, 9), mais engagement et proximité envers les personnes qui souffrent, selon le charisme de chacun :

> Chaque fois que vous l'avez fait à l'un de ces petits qui sont mes frères, c'est à moi que vous l'avez fait. (Matthieu 25, 40.)

Les trois premiers chapitres de ce guide seront consacrés aux trois grandes postures que j'ai évoquées précédemment : prier debout, à genoux, assis. Ces postures, si elles sont bien faites, favorisent le recueillement et l'attention à la présence de Dieu en soi. Elles expriment les dispositions de l'âme et la vérité des sentiments que nous avons pour Dieu. Elles peuvent aussi mener au silence intérieur, rétablir l'équilibre en plaçant la personne au centre de son âme, c'est-à-dire Dieu. Par les différentes attitudes intérieures qu'elles éveillent, les postures révèlent ce qui est caché et permettent d'entrer en relation avec Dieu.

L'expérience humaine démontre que la position et l'attitude du corps ne sont pas sans influence sur le recueillement et la disposition de l'esprit [...] Dans la prière, c'est l'homme tout entier qui doit entrer en relation avec Dieu, et donc son corps aussi doit prendre la position la mieux adaptée au recueillement. Cette position peut exprimer d'une manière symbolique la prière elle-même, variant selon les cultures et la sensibilité personnelle. Dans certaines zones, les chrétiens acquièrent aujourd'hui une conscience plus grande du fait que l'attitude du corps peut favoriser la prière. (Congrégation pour la doctrine de la foi, *La méditation chrétienne*, n° 26.)

Le quatrième chapitre portera sur la respiration comme aide à la prière. Prier, n'est-ce pas respirer, tant la prière est liée à la vie ? Bien respirer, c'est accueillir le souffle de l'Esprit qui unifie l'être dans ses trois grandes dimensions : corps, âme, esprit.

Le trinôme prière-jeûne-aumône sera l'objet du cinquième chapitre. Pour saint Augustin, le jeûne et l'aumône sont les deux ailes de la prière. Le jeûne chrétien est une expérience pascale et un signe de l'attente de l'Époux. La faim corporelle oriente la personne qui jeûne vers une autre faim, plus spirituelle, la faim de Dieu. Le corps se refait, le cœur se purifie, l'esprit s'élève, l'âme s'abandonne pour la prière.

La deuxième partie est constituée des cinq chapitres habituels que nous retrouvons de livre en livre : la prière personnelle, prier avec la Bible, la prière de l'Église, petit carnet du priant et prières du monde. Ces chapitres porteront sur le passage du corps au cœur dans l'oraison intérieure et silencieuse, l'offrande de Jésus dans sa prière filiale, la célébration de tout son corps dans la liturgie, la rythmo-catéchèse, les groupes de prière et le culte des saints.

Ce livre se présente comme un petit traité spirituel sur le corps. Fidèle à l'esprit de la collection, il a pour but de vous aider à prier et de vous accompagner, en toute simplicité et amitié, sur « Les chemins de la prière ». Les différentes postures et les techniques de respiration proposées au long des chapitres, les exercices pratiques et les prières, ne sont là que pour nous faire découvrir notre propre chemin de prière. Plus qu'un rite à accomplir ou un exercice à faire, la prière reste surtout une expérience à vivre, un chemin à parcourir.

Première partie

« Ne le savez-vous pas ? Votre corps est le temple de l'Esprit Saint, qui est en vous et que vous avez reçu de Dieu ; vous ne vous appartenez plus à vous-mêmes, car le Seigneur a payé le prix de votre rachat. Rendez donc gloire à Dieu dans votre corps. »

1 Corinthiens 6, 19-20

CHAPITRE 1

Prier debout

S i le rire est le propre de l'homme, que penser de la posture debout qui le distingue des animaux ? Rappelez-vous les premiers pas d'un enfant. Quelle joie pour les parents de le voir quitter la posture à quatre pattes pour se redresser et se tenir fièrement debout, symbole même de notre évolution dans l'histoire. Le petit cherche son équilibre et fait ainsi l'apprentissage du temps. Lorsqu'il grandira, il sera appelé à se tenir debout, en homme droit, à hauteur de visage devant le mystère de l'autre. Il tournera parfois son visage vers le ciel et il saura vers quel horizon il doit marcher, découvrant sur les chemins de la vie la verticalité d'une prière et l'altérité d'une présence.

> Je suis le Seigneur ton Dieu, qui te donne un enseignement salutaire, qui te guide sur le chemin où tu marches. (Isaïe 48, 17.)

Du nourrisson au vieillard, nous avons toute une vie pour habiter notre corps, pour vivre debout, en contact avec ce qui nous entoure et le mystère que nous sommes. « Connais-toi toi-même », disait Socrate. C'est en nous donnant librement par amour que le corps va atteindre sa pleine humanité et que notre visage, devenu icône (image) de Dieu, révélera le mystère qui l'habite. C'est en priant que le corps va passer du dehors au dedans pour devenir une offrande et un signe de la présence divine qui est en nous.

Le psalmiste s'exclame devant cette merveille qu'est le corps humain et devant l'action créatrice de Dieu. Le Psaume 138 évoque ce chef-d'œuvre du corps où Dieu se révèle.

> Tu me scrutes, Seigneur, et tu sais !
> Tu sais quand je m'assois, quand je me lève [...]
> C'est toi qui as créé mes reins,
> qui m'as tissé dans le sein de ma mère.
> Je reconnais devant toi le prodige,
> l'être étonnant que je suis :
> étonnantes sont tes œuvres,
> toute mon âme le sait.
>
> Mes os n'étaient pas cachés pour toi
> quand j'étais façonné dans le secret,
> modelé aux entrailles de la terre.
> (Psaume 138, 1-2, 13-15.)

Les reins dans la Bible symbolisent les élans les plus intimes et secrets de l'être humain. Le psalmiste s'émerveille de penser que Dieu le voyait déjà à l'état d'embryon. Ses os n'étaient pas cachés pour lui, c'est-à-dire qu'il le connaissait à l'intime de lui-même. Pour les Hébreux, contrairement aux Grecs, il n'y a pas de distinction radicale entre l'âme et le corps. Les os expriment l'essence même de l'être humain. Qu'on se rappelle ce premier chant d'amour lorsque Adam reconnaît Ève après que Dieu fit tomber sur lui un sommeil mystérieux :

> Cette fois-ci, voilà l'os de mes os et la chair de ma chair. (Genèse 2, 23.)

Se tenir droit

Il est important de prendre conscience du corps lorsqu'on est debout pour prier, privément ou en plublic. Les pieds reposent bien à plat sur le sol, joints ou légèrement écartés, plantés dans l'humus de notre humanité. Il est bon de sentir ce sol qui nous relie à la terre, humblement. Le bassin est droit pour l'équilibre et la stabilité. Le dos doit être redressé, sans effort et sans tension. Les épaules sont tombantes et détendues, dans la confiance d'un Dieu qui nous connaît et nous accueille. La tête, pas trop baissée, rejoint le ciel. Le regard peut être centré sur une croix ou une icône, puis on ferme les yeux pour laisser parler le cœur ou faire corps avec le silence, au rythme lent de la respiration, comme un va-et-vient d'amour.

Si l'endroit le permet, on peut aussi prier sans chaussures. Cela nous rapproche encore plus du sol. Dans les nombreuses cultures orientales, on prend l'habitude de retirer les chaussures lors de pratiques religieuses régulières. Le fait d'enlever les chaussures permet d'entrer dans une profonde humilité spirituelle. En Islam, par exemple, les hommes se tournent debout vers La Mecque, puis ils inclinent le buste au sol, les mains sur les genoux, posture suivie d'une prosternation en signe d'adoration.

Il y a une géographie du corps qui ramasse tout notre être pour l'offrir au Père. Si on étend les bras, le corps prend la forme de la croix. Tel un arbre enraciné dans le sol déploie ses branches vers le ciel, nous embrassons le monde avec le Christ. Ne sommes-nous pas créés pour ouvrir les bras et pour aimer ? Au centre du corps debout, il y a le cœur, lieu de toute vraie prière, point de jonction de l'horizontal et du vertical, alliance de la terre et du ciel, rencontre de l'extérieur et de l'intérieur. Marie est une belle image d'un cœur ouvert et offert. La *stabat Mater*, debout au pied de la Croix, s'élève avec le Fils pour n'être plus qu'offrande, corps et âme.

Les mains peuvent prendre différentes attitudes : levées vers le ciel en geste d'offrande, repliées sur la poitrine en signe d'écoute, jointes pour l'attention à la présence de Dieu, doigts croisés pour la supplication ou le recueillement en Dieu, paumes ouvertes en signe d'accueil :

> Allons, redresse tes pensées, tends les paumes vers Lui !
> (Job 11, 13.)

Respect et disponibilité

La station debout exprime le respect et l'attention devant Dieu ou devant une personne dont l'honneur lui est dû. Qu'est-ce que nous faisons lorsqu'on attend un ami et qu'il arrive ? On se lève sontanément pour l'accueillir, nous lui tendons les bras ou nous lui donnons la main.

Prier debout, c'est attendre le Seigneur avec vigilance :

> Aussi vrai que tu es vivant, je suis cette femme qui se tenait ici près de toi en priant le Seigneur. (1 Samuel 1, 26.)

L'attitude debout exprime aussi la disponibilité pour écouter le Seigneur, pour obéir à la mission qu'il nous destine, à l'exemple du prophète Ézéchiel :

> C'était quelque chose qui ressemblait à la gloire de Yahvé. Je regardai, et je tombai la face contre terre ; et j'entendis la voix de quelqu'un qui me parlait. Il me dit : « Fils d'homme, tiens-toi debout, je vais te parler. » L'esprit entra en moi comme il m'avait été dit, il me fit tenir debout et j'entendis celui qui me parlait. (Ézéchiel 1, 28-2, 2.)

La station debout dans la prière n'est pas un garde-à-vous militaire, mais une attitude d'attention et de disponibilité à Dieu. Dans l'Ancien Testament, le prêtre se tient debout et offre le sacrifice. Le peuple se met debout lorsque Esdras ouvre le livre de la Loi (Néhémie 8, 5). À l'Eucharistie, les fidèles se lèvent pour écouter l'Évangile.

Jésus, nouveau grand-prêtre, restera debout devant Pilate pour s'offrir lui-même en sacrifice.

Cette position était commune en son temps. Il fait mention de ceux qui prient ainsi pour se faire voir des hommes. Il met en garde contre l'hypocrisie et l'orgueil de ceux qui prennent cette position de la prière pour se faire remarquer des hommes et non du Père qui voit dans le secret.

> Et quand vous priez, ne soyez pas comme ceux qui se donnent en spectacle : quand ils font leurs prières, ils aiment à se tenir debout dans les synagogues et les carrefours pour bien se montrer aux hommes. (Matthieu 6, 5.)

Jésus illustre son enseignement de la vérité dans la prière par la parabole du pharisien et du publicain (Luc 18, 9-14). Il reproche au pharisien son autosatisfaction et son mépris du publicain, alors que ce dernier se tient à distance, n'osant pas lever les yeux vers le ciel et se frappant la poitrine. Jésus déclare que c'est le publicain qui est juste, car « qui s'abaisse sera élevé » (Luc 18, 14).

En attente de résurrection

Pour un chrétien, la position debout évoque la résurrection. Le mot « ressusciter » signifie : s'éveiller, se lever, se mettre debout. Jésus invite à prendre cette position qui est traditionnelle dans la plupart des religions : « Levez-vous et priez ! » (Luc 22, 16). Prier debout, c'est vivre dans l'attente de la résurrection.

La station debout est la position liturgique la plus ancienne. Les premiers chrétiens célébraient le dimanche debout, parce qu'ils fêtaient la résurrection du Christ. Ils vivaient en « ressuscités », debout dans la foi, en vrais disciples du Christ. Le concile de Nicée (325) avait même interdit de s'agenouiller le dimanche et pendant les cinquante jours après Pâques. Prier debout, c'est aussi manifester notre espérance chrétienne, comme le souligne l'évêque Basile le Grand au IVe siècle.

C'est debout que nous faisons nos prières, au premier jour de la semaine, mais nous n'en savons pas tous la raison. Car ce n'est pas seulement parce que, « ressuscités avec le Christ et devant chercher les choses d'en haut », nous rappelons à notre souvenir, en ce jour consacré à la Résurrection, en nous tenant debout lorsque nous prions, la grâce qui nous fut donnée, mais parce que ce jour-là paraît en quelque sorte l'image du siècle à venir. (Basile de Césarée, *Traité du Saint Esprit*, 27.2, Cerf, 1968, p. 485.)

Notre histoire est inscrite dans notre corps comme des notes sur une feuille de musique. Dieu veut en tirer une symphonie en faisant de nous des hommes et des femmes debout. Se tenir debout dans la prière exprime notre dignité chrétienne. Nous sommes dignes de Dieu puisque nous sommes ses enfants, baptisés dans la mort et dans la résurrection de Jésus. Nous accueillons sa vie en nous enracinant dans la terre de sa Parole qui nous met en route et nous aide à vivre, comme l'exprime cette antienne : « Oui, je me lèverai, et j'irai vers mon Père. »

Le don de soi

Que l'on prie debout, assis ou à genoux, l'attitude du corps doit correspondre aux dispositions du cœur. Dans la position debout, on lève spontanément les yeux et les mains vers ce Dieu qui demeure au ciel. Jésus lui-même priait ainsi, « levant les yeux au ciel. Il prononça la bénédiction : il rompit les pains » (Matthieu 14, 19). Le Christ donne son corps, à nous aussi de lui offrir le nôtre, comme nous y invite saint Paul :

> Je vous exhorte, mes frères, par la tendresse de Dieu, à lui offrir votre personne et votre vie en sacrifice saint, capable de plaire à Dieu : c'est là pour vous l'adoration véritable. (Romains 12, 1.)

Saint Paul demande au chrétien qui prie de lever les mains vers le ciel, « saintement, sans colère ni mauvaises intentions » (1 Timothée 2, 8). Cette élévation des mains de l'homme debout peut être comparée à l'encens qui monte vers Dieu à l'offrande du soir :

> Que ma prière devant toi s'élève comme un encens, et mes mains, comme l'offrande du soir. (Psaume 140, 2.)

Syméon le Nouveau Théologien, grande figure charis-matique de l'Orient de la fin du premier millénaire, nous donne un exemple éloquent de l'importance du corps dans la prière et de la position debout :

> Prends ton livre. Lis-en à peu près trois feuillets avec attention, puis mets-toi debout pour prier. Tiens-toi fer-mement, en concentrant tes pensées au lieu de les laisser tournoyer autre part, joins les mains, rapproche également tes pieds, immobiles sur un seul plan. Ferme les yeux. N'éparpille pas ton intelligence, mais élève-la, ainsi que ton cœur tout entier, vers les cieux et vers Dieu. Que les Psaumes te fournissent l'expression du repentir et de la componction. (*Catéchèses II*, Sources chrétiennes 113, p. 93.)

Le corps est un partenaire précieux dans la prière. On ne prie jamais sans lui. À chacun et chacune de trouver la bonne position qui l'aide à descendre au fond de son cœur, la prière y bâtira sa maison.

EXERCICE PRATIQUE

l y a autant de manières de prier qu'il y a de corps. La prière est tellement simple qu'elle est à la portée de tous. Voici un exemple. Trouve un endroit calme. Tiens-toi droit, les pieds bien à plat au sol. Détends-toi en faisant quelques respirations. Récite une prière que tu connais ou garde silence en prenant conscience que tu es vivant et que tu es la gloire de Dieu. Joins lentement tes mains près du cœur ou sous le nez, la tête légèrement inclinée. Tu crois que tu es appelé à la résurrection, à la suite du Christ. Lève les bras vers le ciel et formule au Christ ce que tu ressens. « Jésus, je crois en toi, mais augmente ma foi. Tu sais que je t'aime, reste avec moi. » Sois tout entier dans ce que tu lui dis. Tes mains vides attendent tout de lui. Tu t'ouvres à la présence de son Esprit. « Viens, Esprit Saint. Soutiens-moi de ton souffle. Rends-moi disponible à ton action, attentif à la Parole de Dieu. » Tu peux rester quelques secondes ou minutes dans cette prière toute simple et profonde. Puis tu reprends tes activités avec plus de paix.

Prière

Entre attention et tension,
il y a ton silence, Seigneur,
et ce T dressé comme une croix.

T'attendre à l'aurore,
car tout commence avec toi,
amour premier, éternellement neuf,
à naître chaque matin.

T'attendre debout, les bras levés
comme Marie, enceinte du Souffle
de la nouvelle création.

T'attendre, toi qui viens toujours,
espérance allumée au bout de la nuit,
entendre ta parole qui met en route
vers la crèche où tu te fais chair,
joie de te donner dans nos mains vides,
ton rêve réalisé à chaque eucharistie.

(Jacques Gauthier, *Prières de toutes les saisons*,
Bellarmin, 2007, p. 135.)

CHAPITRE 2

Prier à genoux

D ans un monde sécularisé qui semble se suffire à lui-même, l'agenouillement tend à disparaître. Il est de plus en plus rare de voir quelqu'un prier à genoux. C'est un geste qui demande parfois du courage et qui a valeur de témoignage, car il manifeste à tous le mystère de la foi. C'était la posture favorite de Jean-Paul II qui priait longuement sur son prie-Dieu. Il se prosternait aussi jusqu'à terre en embrassant le sol du pays qui l'accueillait. Orphelin de mère à douze ans, il avait vu souvent son père prier à genoux, de jour comme de nuit.

> Le simple fait de le voir s'agenouiller a eu une influence décisive sur mes jeunes années. Il était si exigeant envers lui-même qu'il n'avait nul besoin de se montrer exigeant à l'égard de son fils : son exemple suffisait à enseigner la discipline et le sens du devoir. C'était un être exceptionnel. (André Frossard, dialogue avec Jean-Paul II, *N'ayez pas peur !*, Livre de Poche, 1983, p. 15.)

Lorsque j'étais novice à l'abbaye cistercienne d'Oka, près de Montréal, j'ai été frappé par le recueillement de Dom Fidèle Sauvageau, abbé du monastère, qui priait à genoux chaque jour après la célébration de l'Eucharistie. Il priait ainsi de longues minutes dans le chœur des moines, immobile, les mains appuyées sur une stalle, les yeux fixés sur le tabernacle. Son humble action de grâce à genoux traduisait les sentiments profonds de son âme. Décédé le 4 février 2006, on a retrouvé dans ses écrits cette phrase qui en dit long sur le combat intérieur qu'il menait dans la foi : « Je vais où Dieu me mène, incertain de moi mais sûr de Lui. » Son successeur, Dom Yvon Moreau, me disait un jour comment la prière nous fait découvrir l'importance du corps dans la vie. « Nous n'avons souvent que lui les jours où la prière se fait plus aride », me confiait-il.

L'agenouillement signifie l'attitude de foi par excellence. Ce qui faisait dire au regretté Raymond Devos, dans l'un de ses sketches : « Quand je me suis retrouvé à genoux, j'ai compris que j'avais la foi » (*À plus d'un titre. Sketches inédits*, Pocket, 2001). Charles de Foucauld se mettra à genoux lui aussi avant de se confesser et de retrouver la foi. Que de méditations n'a-t-il pas écrites par la suite après avoir adoré à genoux le Saint-Sacrement.

Édith Piaf, persuadée d'avoir été guérie par Thérèse de Lisieux lorsqu'elle était enfant, la priera chaque jour. « La Môme » insistait pour prier à genoux et demandait qu'on l'aidât à s'agenouiller lorsqu'elle était trop épuisée. Dans le beau film sur sa vie, le réalisateur Olivier Dahan évoque la dernière nuit de la star. Alors qu'elle est alitée, Piaf a oublié de faire sa prière du soir, elle demande qu'on l'aide à s'agenouiller. On lui répond qu'elle peut très bien prier au lit. Elle rétorque : « On ne prie pas allongée, mais à genoux. »

Prier à genoux, c'est le corps qui se prosterne et le cœur qui s'abandonne. Cette attitude, fréquemment rapportée dans les Écritures, exprime la soumission à Dieu, l'obéissance à sa volonté et la confession des péchés. Nous fléchissons les genoux devant Celui qui nous dépasse et qui nous aime. Victor Hugo disait que l'homme a fait plus de chemin sur ses genoux qu'avec ses pieds.

Adoration et humilité

Prier à genoux, comme toute autre attitude corporelle, n'est pas neutre. C'est un geste d'adoration et de pénitence qui demande une certaine humilité. L'humilité est cette attitude fondamentale dans la prière où nous acceptons notre condition de créature en nous plaçant en adoration devant le Créateur. Nous devenons plus libres, car nous sommes dans la vérité de notre finitude humaine. Nous reconnaissons que Dieu est proche et lointain, qu'il est tout pour nous et que nous ne sommes rien sans son amour miséricordieux. La station à genoux, proche de la terre, favorise cette attitude d'humilité (*humus*) et d'intériorité, si essentielle à l'adoration.

Adorer, en grec *proskynein*, évoque l'agenouillement et le prosternement. C'est l'attitude de l'être humain qui se sent tout petit devant l'infini de Dieu. Ployer les genoux devant Dieu, c'est reconnaître humblement que nous attendons tout de lui. C'était la prière du prophète Daniel :

> Trois fois par jour il se mettait à genoux, priant et confessant Dieu ; c'est ainsi qu'il avait toujours fait. (Daniel 6, 11.)

Alors qu'elle visitait Francfort avec une amie, Edith Stein, qui n'était pas encore convertie au catholicisme, pénétra dans la cathédrale. Elle fut impressionnée par une femme qui entra dans l'église, avec son panier à provisions, et s'agenouilla pour prier. Ce temps d'adoration à genoux exprimait son amour pour Dieu et sa foi au Christ présent dans le tabernacle. La future carmélite, canonisée le 11 octobre 1998, se rappellera toujours l'humilité de cette femme anonyme qui avait laissé ses occupations quotidiennes pour s'entretenir avec quelqu'un dans un cœur à cœur silencieux.

> Nous sommes entrées pour quelques minutes dans la cathédrale et, pendant que nous nous tenions là dans un silence respectueux, une femme est entrée avec son panier à provisions et s'est agenouillée sur un banc pour une courte prière. C'était pour moi quelque chose de tout à fait nouveau. Dans les synagogues et les temples protestants que j'avais fréquentés, on ne venait que pour les services divins. Mais là, quelqu'un venait, au beau milieu de ses occupations quotidiennes, dans l'église déserte comme pour un entretien intime. Je n'ai jamais pu l'oublier. (Edith Stein, *Vie d'une famille juive*, Ad Solem/Cerf, 2001, p. 470.)

Celle qui ne savait pas s'agenouiller

L'agenouillement est une attitude de prière si humaine qu'elle s'impose instinctivement par elle-même lorsqu'on est en présence du mystère. Bernadette Soubirous se mettra spontanément à genoux lorsqu'elle verra la Dame à Lourdes. La jeune juive Etty Hellisum vivra aussi une sorte de visitation divine qui la mettra à genoux dans sa maison alors qu'elle n'avait pourtant reçu aucune éducation religieuse. « Histoire de la fille qui ne savait pas s'agenouiller », écrit-elle dans son *Journal*, où elle parle de l'agenouillement comme d'un geste intime de l'amour.

> Hier soir, juste avant de me coucher, je me suis retrouvée tout à coup agenouillée au milieu de cette grande pièce, entre les chaises métalliques, sur le léger tapis de sparterie. Comme cela, sans l'avoir voulu. Courbée vers le sol par une volonté plus forte que la mienne. Il y a quelque temps je me disais : « Je m'exerce à m'agenouiller. » J'avais encore trop honte de ce geste, aussi intime que ceux de l'amour, dont seuls savent parler les poètes. (*Une vie bouleversée*, Seuil, 1995, p. 91.)

À coup de prières et d'agenouillements, Etty trouve « cette vie belle et riche de sens », au cœur même des camps de concentration. « Le seul geste de dignité humaine qui nous reste en cette époque terrible : s'agenouiller devant Dieu » (p. 188). Elle veut aider Dieu en lui trouvant des logements dans chaque âme et en le présentant à tous comme leur invité d'honneur. Elle devient prière car elle fait de sa vie une communion avec Dieu qui veut habiter en chacun de nous. Elle écrit le 18 août 1943 : « Ma vie s'est muée en un dialogue ininterrompu avec Toi, mon Dieu, un long dialogue » (p. 317). Aimer Dieu, pour elle, c'est acquiescer à la vie et aimer les autres. Dernière phrase de son *Journal* : « On voudrait être un baume versé sur tant de plaies » (p. 246). Elle meurt à Auschwitz le 30 novembre 1943 à l'âge de vingt-neuf ans. « J'ai rompu mon corps comme le pain et l'ai partagé entre les hommes » (p. 245). Elle a vécu dans son corps l'un des plus beaux enseignements de l'Évangile :

> Chaque fois que vous l'avez fait à l'un de ces petits qui sont mes frères, c'est à moi que vous l'avez fait. (Matthieu 25, 40.)

À genoux devant le mystère

Jésus lui-même nous donne l'exemple de la prière à genoux. Conduit par l'Esprit Saint, il livre un combat terrible à Gethsémani. Humilié et brisé, il s'agenouille et s'en remet à la volonté du Père. Il montre que la prière de ses disciples doit être filiale, elle commence par « Père » ; elle doit être aussi confiante, on s'en remet entièrement à sa volonté.

> Se mettant à genoux, il priait : « Père, si tu veux, éloigne de moi cette coupe ; cependant, que ce ne soit pas ma volonté qui se fasse, mais la tienne. » (Jean 19, 41-42.)

Avant cet abaissement du Dieu fait homme qui nous relève par sa Croix, Jésus s'était agenouillé pour laver les pieds de ses disciples. Dieu est plus quelqu'un qui s'agenouille devant nous que quelqu'un devant qui on se prosterne. Ce Dieu en bas qui nous place à la hauteur de son regard de Ressuscité séduira Paul de Tarse qui s'écriera qu'au Nom de Jésus « tout être vivant tombe à genoux » (Philippiens 2, 10).

Saint Paul s'extasie devant le mystère du Christ qui est révélé à tous par l'Esprit Saint. Ministre de l'Évangile par le don de la grâce, il ne cesse d'adorer le Père en toute confiance par la foi qu'il a au Christ, balisant la voie aux chrétiens de tous les temps :

> C'est pourquoi je tombe à genoux devant le Père, qui est la source de toute paternité au ciel et sur la terre. (Éphésiens 3, 14.)

C'est ce que firent les mages, à leur manière :

> En entrant dans la maison, ils virent l'enfant avec Marie sa mère ; et tombant à genoux, ils se prosternèrent devant lui. (Matthieu 2, 11.)

Dans la liturgie chrétienne nous reprenons la louange liturgique céleste en nous mettant à genoux devant le Dieu trois fois saint.

> Les vingt-quatre Anciens tombent à genoux devant celui qui siège sur le Trône, et ils adorent celui qui vit pour les siècles des siècles. (Apocalypse 4, 10.)

L'inclination profonde

Une posture proche de l'agenouillement est l'inclination qui exprime aussi l'intention profonde d'adoration et d'humilité.

> Entrez, inclinez-vous, prosternez-vous, / adorons le Seigneur qui nous a faits. (Psaume 94, 6.)

Saint Dominique, prédicateur éminent de l'Évangile et fondateur de l'ordre des Frères prêcheurs, fit de sa vie une prière qu'il a exprimée avec tout son corps. Les premiers frères dominicains vont être fascinés par la manière dont leur fondateur priait. Il prie avec tout son corps, de jour comme de nuit : il s'incline, s'agenouille, se prosterne, pleure, gémit. Il crie la nuit : « Seigneur, ayez pitié de votre peuple ! Que vont devenir les pécheurs ? » Tel est le désir, telle est la prière. Celle de saint Dominique fut un long désir fait d'inclinations, d'agenouillements et de larmes. Le Ressuscité avait pris feu dans son corps.

Quelques années après sa mort à Bologne le 6 août 1221, des frères décidèrent de réunir et d'illustrer leurs souvenirs dans un document littéraire. Ce manuscrit sera composé aux alentours des années 1280. Voici un extrait de sa première manière de prier, l'inclination profonde :

> La première manière est lorsqu'il s'humiliait devant l'autel, comme si le Christ, signifié par l'autel, était là réellement et personnellement, non seulement dans le signe, selon cette parole : « La prière d'un homme qui s'humilie percera les nues » (Sirac 35, 21). [...] Et ainsi notre saint Père, le corps bien droit, inclinait la tête et les reins humblement, vers le Christ, sa tête, considérant sa propre condition d'esclave et la supériorité du Christ et se donnant tout entier pour le révérer. (Cité dans Catherine Aubin, « La prière corporelle de saint Dominique », *La Vie spirituelle*, septembre 2003, p. 267.)

Ce geste d'inclination profonde, qui se rapproche de l'agenouillement, est encore pratiqué dans les monastères. Il devrait l'être aussi dans nos églises lorsque nous passons devant le tabernacle qui renferme le pain eucharistique. C'est une marque de respect envers le Christ qui s'est donné à nous par amour. C'est aussi une marque d'action de grâces, puisque toute prière chrétienne part du Christ et aboutit à lui.

Dans son exhortation apostolique post-synodale sur l'Eucharistie *Le sacrement de l'amour*, Benoît XVI propose des indications très concrètes sur l'art de célébrer.

Par exemple, il recommande l'agenouillement pendant la consécration :

> Je pense, d'une manière générale, à l'importance des gestes et des postures, comme le fait de s'agenouiller pendant les moments centraux de la prière eucharistique. En s'adaptant à la légitime diversité des signes qui sont posés dans le contexte des différentes cultures, que chacun vive et exprime la conscience de se trouver dans toute célébration devant la majesté infinie de Dieu, qui nous rejoint de manière humble dans les signes sacramentels (n° 65).

Je reviendrai au chapitre huit sur l'importance du corps dans la liturgie. Ce qu'il faut, c'est trouver une juste expression qui manifeste le sens du mystère de Dieu parmi nous et qui traduit notre respect devant le Dieu fait homme, totalement présent dans l'Eucharistie. Si l'agenouillement n'est pas pratiqué par l'assemblée, une belle inclination profonde peut suffire. Le tout doit être fait avec intériorité et simplicité.

EXERCICE PRATIQUE

L'agenouillement et l'inclination rendent visible l'amour que tu portes au Christ, modèle de douceur et d'humilité. Ces postures peuvent très bien débuter un temps d'adoration ou d'oraison silencieuse. Dans un oratoire ou chez toi, tu te mets à genoux et tu dis au Seigneur que tu l'aimes. Tu peux aussi t'asseoir sur les talons, si l'espace le permet, te prosterner et t'incliner jusqu'à poser le front sur tes mains qui sont à plat sur le sol. Tu restes ainsi le temps qu'il faut. Ton corps s'intériorise. Tu respires régulièrement, sans effort. Tu redresses lentement le dos, le cou et la tête en déroulant les vertèbres de bas en haut. La colonne vertébrale est une échelle qui permet de vivre la dimension verticale de la prière. Tu peux t'asseoir confortablement sur une chaise, répéter le nom de Jésus, écouter le silence qui te parle, malgré les distractions. Tu fais des actes de foi, d'espérance et d'amour afin de toujours revenir au lieu intérieur du cœur où habite le Seigneur.

Prière

À la merci de ta miséricorde, ô Christ,
je me suis laissé séduire, corps et âme.
Je fus soufflé par ton pardon.
Il m'a donné du vent,
renouvelé ma façon de penser.
Mon nom est gravé sur tes mains.
Je suis fixé à toi par des attaches d'amour.

Ta douceur m'a renversé,
je suis tombé à genoux pour t'adorer.
Je ne suis pas sorti indemne
de cette chute en moi-même.
Je te rencontre au fond de moi,
ton feu est allumé sur la terre,
il devient incendie dans mes os.

C'est la fête entre nous, Seigneur,
depuis que je marche derrière toi,
que je garde ma vie en la perdant.
Je cours à l'odeur de tes parfums,
j'arrive avec toute ma soif,
je jubile en partageant ton repas,
je suis à toi pour l'éternité, corps et âme.

(Jacques Gauthier, *Prières de toutes les saisons*,
op. cit., p. 127.)

CHAPITRE 3

Prier assis

S'asseoir permet au corps de se reposer dans une position qui favorise le regard, l'écoute, l'échange.

Écoute, ma fille, regarde et tends l'oreille. (Psaume 44, 11.)

Le corps se concentre sur ce qu'il voit et entend. Il est à l'écoute, les yeux ouverts ou fermés. C'est l'heure de la rencontre, comme Jésus avec la Samaritaine :

> Il arrive ainsi à une ville de Samarie, appelée Sykar, près du terrain que Jacob avait donné à son fils Joseph, et où se trouve le puits de Jacob. Jésus, fatigué par la route, s'était assis là, au bord du puits. Il était environ midi. (Jean 4, 5-6.)

La position assise est parfaite pour celui ou celle qui veut prier en silence ou en commun. Certes, la position idéale est celle où l'on se sent bien, c'est-à-dire celle qui détend le corps et qui favorise l'attention de l'esprit. Ce qui est en soi tout un défi car le stress est partout présent aujourd'hui et le surmenage nous guette, ce qui n'aide pas à habiter son corps.

La méthode Vittoz, par exemple, en utilisant des exercices sensoriels très simples, facilite le contact avec soi-même et favorise la relaxation. Les exercices de concentration permettent d'accroître l'attention et peuvent très bien préparer le temps d'oraison intérieure. Elles deviennent une porte de l'âme.

Savoir s'asseoir calmement, sans rigidité ni mollesse, apaise l'esprit au début de l'oraison, qui est un cœur à cœur silencieux et gratuit avec Dieu. L'abbé Henri Caffarel, un pionnier de l'oraison au XXe siècle, a montré qu'un minimum de bien-être corporel facilite la prière :

> Négliger le corps à l'heure de la prière, ce n'est pas seulement une erreur théorique, c'est aussi une erreur pratique. Le corps laissé pour compte ne tardera pas à se rappeler à notre attention : tendu nerveusement et physiquement ou impatient d'agir, il ne tiendra pas en place. Et l'agitation du corps entraînera l'agitation de l'esprit. (*Cinq soirées sur la prière intérieure*, Feu Nouveau, 1980, p. 29.)

Bien s'asseoir

L'art de bien prier est souvent l'art de bien s'asseoir. Lorsque nous prions assis, nous nous disposons à l'écoute, la réceptivité, le repos, la contemplation. Cette attitude fut surtout introduite au XVIe siècle avec les bancs dans les églises. C'est la position biblique du maître qui enseigne et aussi du disciple qui écoute. Nous retrouvons cette position dans le culte des Églises réformées, centré sur la prédication et l'écoute de la Parole de Dieu.

Saint Luc nous montre Jésus qui, après avoir lu un extrait du prophète Isaïe dans la synagogue, referme le livre, le rend au servant et s'assoit pour enseigner (Luc 4, 20-21). Par contre, Marie, sœur de Marthe et de Lazare, se tient assise aux pieds du Seigneur pour écouter sa parole, choisissant ainsi la meilleure part (Luc 10, 39). Il y a peu d'exemples dans la Bible du fidèle qui prie assis, sauf David qui s'assoit devant le Seigneur en le priant en toute confiance :

> Qui suis-je donc, Seigneur, et qu'est-ce que ma maison, pour que tu m'aies conduit jusqu'ici ? Mais cela ne te paraît pas suffisant, Seigneur, et tu étends aussi tes promesses à la maison de ton serviteur jusque dans un avenir lointain. (2 Samuel 7, 18-19.)

Une bonne manière de s'asseoir favorise l'éveil à Dieu et la paix intérieure. Par exemple, s'asseoir droit sur une chaise, le dos appuyé contre le dossier, aide le bassin à ne pas basculer vers l'arrière. Les genoux peuvent être légèrement écartés, les cuisses reposent sur toute la chaise, les pieds sont parallèles, bien posés sur le sol ou sur un coussin assez dur. Le dos est dans une position stable et l'abdomen est ainsi bien dégagé pour respirer naturellement, au rythme du silence.

On peut aussi s'asseoir sur les talons. Cette posture, dite des carmélites, exprime l'attente, l'accueil, l'écoute. Pour avoir une meilleure assise, les pointes de pied sont réunies et les talons sont légèrement écartés. Un coussin rond sous les pieds rend la position moins pénible dans les débuts. Cela demande une certaine pratique. S'il arrive que nous ressentions des crampes et des fourmillements, c'est normal, car il y a une mauvaise circulation du sang dans les jambes.

Le tabouret de prière

J'aime bien prier assis, sans chaussures, sur un tapis. Je me sers d'un petit banc de prière, sorte de tabouret incliné où je m'assois à cheval, genoux et talons écartés, les pieds sous le tabouret. On peut aussi utiliser un cube en bois. Le dos bien droit, je me sens plus léger, plus recueilli. Cette position, qui me permet d'être en même temps assis et à genoux, favorise le recueillement. Elle est vraiment la meilleure posture pour moi car je peux la garder sans effort pendant près de trente minutes. Ma prière devient une paisible attente du Seigneur qui vient toujours à l'improviste pour me partager son intimité par sa Parole.

> Voici que je me tiens à la porte, et je frappe. Si quelqu'un entend ma voix et ouvre la porte, j'entrerai chez lui ; je prendrai mon repas avec lui, et lui avec moi. (Apocalypse 3, 20.)

Le tabouret de prière, ou petit banc, est vendu dans certaines librairies religieuses. Tu peux aussi en fabriquer un, si tu es bricoleur. Pour cela, il faut couper une planche de 45 centimètres de longueur sur 13 centimètres de large qui sera l'assise. Puis la clouer sur deux planchettes plus petites de 13 centimètres de largeur (coupées en biais sur le sommet 19 centimètres à l'arrière et 18 centimètres à l'avant), qui serviront de pieds latéraux. Ainsi assemblé, ce petit banc de prière légèrement incliné vers l'avant favorisera un meilleur bien-être du corps.

Dans l'attente de Dieu

Cette forme d'« assise » invite à l'immobilité et à l'intériorité. Le corps est détendu, l'âme est calme, l'esprit est à l'écoute, le cœur repose en paix. Le cœur, au sens biblique du terme, désigne la source d'amour d'où procède la vie spirituelle qui engage tout l'être. Sainte Edith Stein donne une définition lumineuse du cœur comme le lieu du fin fond de l'âme :

> Le cœur est proprement le centre de la vie. Nous désignons par là, bien sûr, l'organe aux battements duquel est liée la vie du corps, mais nous entendons aussi familièrement sous ce terme le fin fond de l'âme, manifestement parce que le cœur est au plus haut point intéressé à ce qui se vit au plus profond de l'âme, et parce que la connexion du corps et de l'âme n'est nulle part plus directement sensible. (*La puissance de la Croix*, Nouvelle Cité, 1982, p. 60.)

Le corps bien assis favorise l'attente silencieuse du Seigneur dans une oraison de présence. Je parlerai plus longuement de l'oraison au sixième chapitre. Ce que je peux dire maintenant, c'est que la position assise m'enracine dans le Christ. Parfois, je joins mes mains sous le nez. Pour occuper mon esprit, je répète intérieurement le nom de Jésus. Je me laisse bercer comme un petit enfant qui s'endort dans les bras de son père. Je prie avec mes distractions au lieu de lutter contre elles. Je ne leur accorde pas d'importance. Je termine doucement mon oraison par un Notre-Père ou une prière de consécration à Marie. Après cette veille intérieure, je me relève doucement, et je continue à vivre sous le regard de Dieu.

> Sans cesse, je me reçois de tes mains. C'est là ma vérité et ma joie. Sans cesse, tes yeux sont posés sur moi, et je vis de ton regard, toi, mon créateur et mon salut. Apprends-moi, dans le silence de ta présence, à saisir le mystère que je suis, et que j'existe par toi, devant toi et pour toi. (Romano Guardini, dans *Fêtes et Saisons*, n° 560, décembre 2001, p. 27.)

Dans la prière, toute position corporelle qui ne détend pas doit être vérifiée et corrigée. Il faut s'y exercer progressivement avec douceur, en souplesse, avant d'arriver à un certain bien-être. S'il y a stabilité et détente, c'est souvent le signe que la posture est correcte. Et la prière devient à son tour un facteur de détente, de joie et de paix, même avec les enfants.

En effet, si les enfants sont énervés, assoyez-les à même le sol, en leur disant que nous allons inviter le silence. Vous leur dites de fermer les yeux, de bien respirer sans dire un mot, d'écouter le silence. Quelques secondes suffisent pour créer un espace intérieur qui est présence à soi, et, pourquoi pas, présence à Dieu. Ces haltes de silence sont des écoles d'oraison, sans que les enfants s'en aperçoivent. Et ça calme aussi les parents.

Dieu aime votre enfant et il se communique à lui à sa manière lorsque vous priez avec lui. C'est un temps de relation gratuite qui s'adapte à ce que vous vivez. La prière familiale prend ainsi différentes formes. L'enfant peut prier assis, regarder la bougie devant une icône, embrasser une petite croix ou un chapelet. Vous pouvez dire tendrement un Notre-Père ou un Je vous salue Marie. Cette prière va imprégner l'enfant, par immersion, comme s'il apprenait la langue maternelle de la prière et de l'amour. C'est par la tendresse que l'enfant découvre que Dieu est amour[1].

Prier avec la musique

La position assise est idéale non seulement pour prier mais aussi pour écouter la musique. Des études scientifiques américaines ont démontré que lorsque des gens méditent, prient ou écoutent une belle musique, le cerveau émet des ondes qui apaisent et tranquillisent le système nerveux. Ces modifications dans le cerveau influencent notre attitude face à la vie. Nous devenons plus positifs, les défenses immunitaires s'accroissent, les effets négatifs du stress sur l'organisme diminuent. Bref, prier et écouter de la musique, c'est la santé.

Notre corps a besoin de musique pour se recharger d'énergie. La musique « sacrée », appelée ainsi parce qu'elle reflète la beauté du Créateur, accompagne la prière et nous amène à l'écoute de ce Dieu présent en nous et dans le monde. L'Église est un lieu naturel pour la musique et les musiciens au service de la prière.

---

1. J'ai parlé de la prière en famille dans *Du temps pour prier* (Presses de la Renaissance/revue *Prier*/Novalis, 2007, p. 61-70). Un livre entier sera consacré à la prière conjugale et familiale dans cette même collection.

Comment résister aux cantates de Bach, à sa *Grande Passacaille* pour orgue, à son *Magnificat* si jubilatoire ? Cette musique fait prier. Je pense aussi aux *Vêpres* de Monteverdi, aux différentes *Messes* de Mozart, Vivaldi et Beethoven, au *Messie* de Haendel, au *Requiem* de Fauré, au *François d'Assise* de Messiaen, aux œuvres méditatives de Gorecki et Pärt.

Il y aussi les chants liturgiques et religieux. À leur écoute attentive, notre être peut s'unifier et entrer en prière. La variété ici est grande et tous les goûts sont possibles : chants grégoriens ou chants orthodoxes ; corpus liturgique *Chorale du peuple de Dieu* d'André Gouzes ; chants d'adoration et de louange des communautés nouvelles ; offices liturgiques des monastères ; refrains incantatoires de Taizé ; cithare en prière d'une carmélite de Luçon ; hymnes et chansons d'auteurs contemporains...

J'écoute cette musique et ces chants le soir surtout, au gré de mes humeurs et du temps qu'il fait. L'écoute se transforme rapidement en prière. Mon cœur est touché par la beauté des sons et la puissance des textes, souvent inspirés de la Bible. La musique est une clé qui ouvre le corps de l'intérieur pour un jaillissement spirituel inattendu. Elle réveille souvent en moi des émotions dont je ne soupçonnais pas l'existence. J'entre alors dans un dialogue amoureux avec Dieu. Cette écoute priante prépare au sommeil non seulement mon corps, mais aussi mon cœur et mon esprit. Et je soupçonne parfois les anges d'y aller de leur petit tour de chant dans mes rêves.

EXERCICE PRATIQUE

Assieds-toi dans un lieu tranquille, de la manière dont tu es le plus à l'aise pour rester immobile et garder l'attention : assis sur une chaise, sur les talons, sur un petit banc, sur un coussin. Tes vêtements ne sont pas trop serrés. Tu enlèves tes chaussures. Ferme les yeux et prends conscience de ta respiration. Tu détends chaque partie de ton corps, sans effort. Tu commences par les pieds, les genoux, les jambes. Tu ressens la pesanteur de chaque membre. Tu continues lentement avec les mains, les poignets, les bras, les épaules. Tu les détends en les fixant mentalement. Tu détends les vertèbres de ton dos. Tu tournes la tête légèrement. Tu détends chaque partie du visage en les visualisant. Concentre-toi sur ta respiration. Tu détends ton ventre. Tu es calme et tu goûtes la musique du silence. Laisse monter les images comme elles se présentent, sans trop y faire attention. Prends conscience que ton corps est aimé de Dieu et que le Christ vit en toi. Tes sens sont en éveil. Tu peux te rappeler une parole de Dieu, une antienne, un refrain, comme un verset de psaume : « Goûtez et voyez comme est bon le Seigneur » (Psaume 33, 9). Ta prière est détente et espérance, attente de Dieu et abandon à son amour miséricordieux. Tu restes ainsi quelques minutes. Tu peux terminer en récitant lentement un Notre-Père, ou une autre prière que tu aimes. Tu fais lentement un signe de la croix et tu ouvres les yeux. Cette pratique de « l'assise » ne peut durer que vingt minutes, mais tu en récoltes les fruits le reste de la journée.

Prière

Père très aimant,
je me tiens devant toi,
assis immobile sur un petit banc,
le dos droit,
la tête légèrement penchée,
les yeux fermés,
le cœur ouvert.

Je sais que tu m'aimes,
même si je ne sens pas ta présence.
Je me recueille au fond de l'âme,
comme ton enfant bien-aimé,
dépouillé de moi-même,
pour reposer dans ton Esprit
qui m'invite au silence,
soupir de mon désir.

Je m'abandonne en toute gratuité,
dans ce temps qui m'est donné
pour prier en fils avec ton Fils,
malgré les distractions.

Tu me traverses de ton Souffle
comme un vitrail
sur le derme de mon corps.

Ma peau respire le nom de Jésus,
mon mot de passe et d'amour,
lorsque tout se tait au-dedans,
dans l'extrême nudité de mon être,
avec les amis de la communion des saints.

J'ouvre les Écritures
pour relancer le cœur
et enflammer cette heure.

Mon regard migrateur
se pose sur la croix,
je contemple le corps vêtu de pardon,
la plus belle parole d'amour jamais dite.

Merci d'être là, mon Dieu,
dans cette offrande pauvre
de mon cœur uni au tien,
un rappel de la vie d'oraison,
un grand amour silencieux,
à vivre le reste de la journée
au cœur du monde.

CHAPITRE 4

Prier avec le souffle

Un jour, j'assistais avec mon épouse au récital d'un chanteur chrétien. J'étais assis de telle façon dans l'église qu'en regardant vers le chanteur je voyais ma compagne de profil. Un souffle ténu soulevait sa poitrine, battait comme une onde sur ses tempes. J'étais ému par cette expérience de présence. Mon regard en était un d'amour devant la vie qui passait par ce souffle fragile.

Je respirais au même rythme qu'elle, respectant le secret de sa vie, la distance d'un soupir. Les personnes qui m'entouraient ne se doutaient de rien, pourtant je vivais une petite Pentecôte intérieure. J'avais l'impression de m'approcher du mystère de mon épouse, comme si ce souffle était un canal qui laissait couler son âme, une fuite par où s'échappait le souffle de Dieu qui respire en chacun de nous. Saint Paul le dit à sa manière :

> Vous n'êtes pas sous l'emprise de la chair, puisque l'Esprit de Dieu habite en vous. (Romains 8, 9.)

L'esprit, l'âme et le corps

L'expérience d'intériorité vécue à l'église avec mon épouse m'a fait comprendre la grandeur du souffle qui relie les trois dimensions constitutives de notre être, comme l'écrit saint Paul : « l'esprit (*pneuma*), l'âme (*psyché*) et le corps (*soma*) » (1 Thessaloniciens 5, 23). Regardons un peu ces notions abstraites pas toujours faciles à comprendre.

L'esprit, qui n'est pas la raison, peut parfois être désigné par le mot « cœur » ou « substance de l'âme » ; c'est la personne en tant que relation à Dieu. L'âme est un principe spirituel qui est uni au corps ; c'est la vie de la personne. Le corps, ou la chair, est composé du corps physique et du psychisme ; c'est la personne dans toute sa fragilité. La prière unifie ces trois dimensions de l'être humain. Le Magnificat est un bel exemple. Marie chante avec tout son corps, exalte le Seigneur de toute son âme et s'élève vers lui par la profondeur de son esprit :

> Mon âme exalte le Seigneur, mon esprit exulte en Dieu mon Sauveur. Il s'est penché sur son humble servante ; désormais tous les âges me diront bienheureuse. (Luc 1, 46-48.)

La prière est la respiration de l'âme, dit-on souvent. En effet, la prière, tellement liée à la vie, nous aide à respirer du souffle même de l'Esprit Saint, à descendre dans notre cœur et à le tourner vers notre vis-à-vis, Dieu ; « c'est en lui qu'il nous est donné de vivre, de nous mouvoir, d'exister » (Actes 17, 28). L'opération vitale de la respiration, associée à nos cinq sens, nous aide à vivre le moment présent de l'éternel amour de Dieu. Notre respiration s'unit au souffle de l'Esprit qui anime notre prière. Il nous décentre de nos besoins, souvent préoccupants, pour nous inciter à chercher le Royaume de Dieu qui est au milieu de nous.

> Ne vous faites pas tant de souci pour votre vie, au sujet de la nourriture, ni pour votre corps, au sujet des vêtements. La vie ne vaut-elle pas plus que la nourriture, et le corps plus que le vêtement ? [...] Tout cela, les païens le recherchent. Mais votre Père céleste sait que vous en avez besoin. Cherchez d'abord son Royaume et sa justice, et tout cela vous sera donné par-dessus le marché. (Matthieu 6, 25.32-33.)

Respirer dans l'Esprit Saint

Si on commence la prière dans l'agitation, il sera difficile de se concentrer et de se recueillir. Comme l'exprimait saint Augustin dans ses *Confessions* : « Seigneur, tu étais au-dedans de moi, et moi j'étais au-dehors. » La respiration est un moyen pour s'intérioriser, relaxer, aller au-dedans pour se rendre plus disponible à l'action de l'Esprit Saint. Si nous sommes engloutis par un flot de pensées, nous prenons conscience de notre pauvreté et rien ne nous empêche de nous ouvrir à la miséricorde divine. Il ne s'agit pas dans la prière de faire le vide, mais d'accueillir l'amour de Dieu qui est répandu en nous par son Esprit.

Pour les personnes qui ont beaucoup de distractions dans la prière, je suggère de respirer profondément, surtout lorsqu'on prie dans le secret de la chambre. On inspire en visualisant l'air qui gonfle l'abdomen et le diaphragme. L'air entre dans les poumons, soulève le thorax et les épaules. Nous sentons la vie qui ouvre les narines, bat dans le cœur, irrigue les veines comme une source d'eau vive. La respiration devient plus lente ; nous acceptons le souffle qui soulève lentement la poitrine. S'il y a une partie de notre corps que nous aimons moins, nous l'offrons au Seigneur. Il est présent dans la respiration. Nous inspirons normalement par le nez, nous expirons profondément par la bouche. On remplit lentement les poumons d'air en accueillant l'amour de Dieu. On inspire et expire en disant intérieurement « Abba », ou « Jésus ». Nous pouvons aussi nous exercer à cette prière trinitaire : on inspire en disant « Père » ; on expire, « en ton Fils » ; on inspire, « donne-moi » ; on expire, « l'Esprit ».

Habituons-nous à invoquer souvent l'Esprit dans la prière, le souffle de vie, l'Hôte de notre âme. Pas une cellule du corps qui ne soit animée par son souffle, comme au temps poétique de la Création où le divin potier façonna un corps à Adam :

> Le Seigneur Dieu modela l'homme avec la poussière tirée du sol ; il insuffla dans ses narines le souffle de vie, et l'homme devint un être vivant. (Genèse 2, 7.)

L'Esprit de Dieu passe par notre souffle et soutient notre esprit. Nous inspirons profondément en disant, par exemple : « Souffle de Dieu », et nous expirons : « Reçois mon esprit. » On respire le souffle même de Dieu, comme le rappelle l'évêque Théophile d'Antioche, mort vers 190.

> Dieu a donné à la terre le Souffle qui la nourrit. C'est son haleine qui donne la vie à toutes choses. Et s'il retenait son Souffle, tout s'anéantirait. Ce Souffle vibre dans le tien, dans ta voix. C'est le Souffle de Dieu que tu respires. (Théophile d'Antioche, *Trois livres à Autolycus*, 1, 7, Cerf, 1948, p. 72.)

Grâce et liberté

Si le souffle symbolise l'Esprit, cela ne veut pas dire qu'il faille maîtriser son souffle ou avoir conscience de sa respiration pour bien prier. Le symbole physique, comme le souffle, signifie une réalité spirituelle, l'Esprit Saint, mais il n'est pas la réalité. Sinon, la rencontre de Dieu dépendrait d'une technique respiratoire ou d'une méthode de méditation. Le croyant respire dans l'Esprit parce qu'il croit qu'il est né d'eau et de souffle au baptême. Il sait que la prière est union à Dieu, dans la rencontre de deux libertés, de deux désirs, de deux soifs. C'est toujours Dieu qui a l'initiative et qui se révèle à chacun quand il veut et de la manière qu'il veut. Il est libre de ses dons, mais à nous d'y répondre avec générosité.

La personne qui prie ne s'attache pas à sa prière, car l'Esprit souffle où il veut. Elle ne doit pas être esclave d'une méthode qui peut ainsi devenir une idole. On n'emprisonne pas la grâce divine, encore moins la liberté de prier. D'autant plus que chacun n'a pas le même caractère, les mêmes goûts, la même façon d'habiter son corps. Les exercices corporels, les gestes de prière, les techniques de respiration sont au service de la prière qui est un don de Dieu. Et ce n'est pas parce que nous ne ressentons rien dans la prière qu'il n'y a pas de « progrès » spirituel et d'action de l'Esprit. Les maîtres spirituels, comme Jean de la Croix et le regretté frère Roger de Taizé, ont montré qu'il ne fallait pas accorder trop d'importance aux méthodes de prière mais persévérer dans la foi au Christ et s'accoutumer à son silence qui est celui d'un amour qui nous attend, surtout lorsque nous vivons des périodes d'ennui et de sécheresse[1].

> Il n'y a pas de techniques pour prier, de même qu'il n'y a pas de méthodes pour obtenir le silence intérieur. Lorsque notre prière n'est que balbutiement, nous pouvons nous rappeler que nous sommes tous des pauvres de l'Évangile. Dieu ne nous demande pas de prodiges qui nous dépassent. Pour prier, il nous appelle simplement à nous tenir en sa présence, le cœur ouvert, et à oser lui dire : « Donnemoi de vivre de toi, rassemble mon désir et ma soif. » (Frère Roger, *Paris-Taizé*, Bayard, 2002, p. 6-7.)

Le souffle de Dieu

Dieu nous maintient dans l'existence par son souffle, (*ruah* en hébreu, *pneuma* en grec, *spiritus* en latin). Rappelons que dans la Bible, souffle et esprit sont indissociables. Le souffle peut très bien désigner la respiration, le vent, l'esprit humain. Mais parler du souffle de Dieu, c'est évoquer son Esprit qui anime le corps et l'âme. L'haleine de Dieu, son Esprit, est insufflée à la créature créée à son image et renouvelée à la Pentecôte. La poétesse Marie Noël avait l'habitude de dire que Dieu

---

1. Pour montrer comment persévérer dans la prière, je passe en revue dix difficultés courantes dans *Du temps pour prier*, *op. cit.*, p. 29-43.

avait peut-être soufflé un peu trop fort à sa naissance, elle ne s'en était jamais remise.

Le souffle est léger et gratuit ; il est fait pour être partagé, comme ces langues de feu qui se posèrent sur chacun des apôtres alors qu'ils étaient en prière. Jésus remet l'Esprit à ses disciples pour qu'ils poursuivent son œuvre dans la paix et la joie, au sein même des persécutions. Le souffle de l'Esprit est porteur d'une présence divine et d'une parole brûlante qui nous soulèvent de l'intérieur, nous poussent au-dehors, nous entraînent dans le monde « à proclamer dans nos langues les merveilles de Dieu » (Actes 2, 11).

Si parfois nous manquons d'air et perdons le souffle dans nos prières et nos engagements, l'Esprit nous couvre de son ombre et nous redonne un second souffle. Il nous fait renaître librement en Église, inspire notre prière d'enfants de Dieu en nous faisant entrer dans le dialogue d'amour du Père et du Fils. Depuis la mort et la résurrection de Jésus, depuis le jour de la Pentecôte, nous ne sommes plus orphelins, mais pris en charge par l'Esprit :

> Le Défenseur, l'Esprit Saint que le Père enverra en mon nom, lui, vous enseignera tout, et il vous fera souvenir de tout ce que je vous ai dit. (Jean 14, 26.)

Le corps permet aux charismes et aux dons de l'Esprit Saint de s'exprimer. L'Esprit rend le corps docile à ses motions et le rend capable de Dieu en nous inspirant les actes de foi, d'espérance et d'amour. C'est par ces vertus théologales que nous touchons Dieu dans la prière, que nous entrons en relation avec lui, que nous communions intimement à ce qu'il est, au-delà de tout ce que nous pouvons concevoir et ressentir.

L'Esprit Saint, selon saint Bernard, est le baiser du Père et du Fils. Faut-il s'en étonner ? Le souffle ne fleurit-il pas en baiser ? C'est ainsi qu'âme et corps s'embrassent, puisqu'ils sont fils du souffle et de l'Esprit, le temps d'un regard, d'une prière, d'une écoute, d'une présence, d'une rencontre, comme Jésus avec Nicodème.

Le vent souffle où il veut : tu entends le bruit qu'il fait, mais tu ne sais pas d'où il vient ni où il va. Il en est ainsi de tout homme qui est né du souffle de l'Esprit. (Jean 3, 8.)

EXERCICE PRATIQUE

Debout, à genoux, assis ou couché, apprends à respirer de bas en haut, calmement. Inspire profondément par le nez. Pose tes mains sur l'abdomen qui se gonfle, soulève le thorax et les épaules. Expire en repartant de l'abdomen. Prends conscience du mystère qui t'habite, de l'air qui te donne l'énergie pour vivre et prier. Tu es né en recevant le premier souffle et tu vas mourir en rendant le dernier. Invoque l'Esprit Saint qui souffle dans ton souffle. Sois attentif en te concentrant sur ta respiration. Chaque inspiration est une aspiration à la prière et au silence. Chaque expiration est un abandon en Dieu. Après un temps de respiration consciente, tu peux prendre un texte biblique, comme l'Évangile du jour, et le méditer dans ton cœur. La Parole méditée et priée te nourrit des pensées du Christ pour que tu arrives à penser comme lui. Si la Parole s'est faite chair, n'est-ce pas pour que, par le Christ, elle prenne chair en toi ? Elle habite ton cœur avec toute sa richesse pour que tu deviennes action de grâce. Après avoir prié la Parole, ferme les yeux et retourne au silence. Il t'ouvre à l'essentiel de ce que tu es, à cette écoute intérieure qui rend tes journées plus pacifiantes. Mettre de la respiration dans tes journées souvent surchargées, c'est aussi prier en marchant, accomplir ton travail dans la paix, t'arrêter de brefs moments pour reprendre souffle ; c'est plonger dans le silence d'un visage, écouter Dieu qui passe dans une brise légère et danse dans les yeux d'un enfant.

Prière

Est-ce la légèreté de ton souffle
qui féconde notre prière de pauvre
pour l'offrir comme un amour ?
Viens, Esprit Saint, dans nos corps.

Est-ce la nouveauté de ta parole
qui creuse notre âme assoiffée
pour l'habiter de ton silence ?
Viens, Esprit Saint, dans nos cœurs.

Est-ce la douceur de ton feu
qui baigne nos yeux de larmes
pour les ouvrir aux merveilles de ton amour ?
Viens, Esprit Saint, dans nos chambres hautes.

Est-ce la brise de ton vent
qui emporte nos corps en louange
pour en faire le ciel de ta joie ?
Viens, Esprit Saint, dans nos assemblées.

Est-ce l'attente de ta présence
qui baptise notre désir profond
pour l'inonder de ton eau vive ?
Viens, Esprit Saint, dans notre monde.

CHAPITRE 5

Prier en jeûnant

S i les postures, les gestes, la respiration peuvent aider à prier et devenir même prière, que penser du jeûne ? Certes, il a perdu son mordant dans l'Église, même durant le Carême. Gandhi l'a remis à l'honneur au siècle dernier et en a fait une expérience de vérité et d'humilité. Le jeûne questionne nos sociétés d'abondance, car on n'y consomme presque rien, si ce n'est de l'eau. On se prive pour mieux vivre. L'être passe avant l'avoir. Le temps est au silence, à la prière, au partage. On diminue les achats, on évite les divertissements, on se purifie pour renaître.

Le jeûne peut prendre différentes significations : jeûne de purification, d'intercession, de solidarité. Il peut exprimer un deuil, un repentir ou une détresse.

> Je m'habillais d'un sac,
> je m'épuisais à jeûner ;
> sans cesse, revenait ma prière. (Psaume 34, 13.)

On peut accomplir un jeûne suite à un appel intérieur, en vue de guérir le corps ou l'âme. Il peut être privé ou collectif, diététique ou religieux. Les raisons de jeûner sont personnelles et multiples : mieux se connaître, méditer, se préparer à une nouvelle étape de la vie, être solidaire avec ceux qui souffrent, être fidèle à la mission que le Seigneur me confie, vivre une expérience de prière et d'abandon, attendre la venue de l'Époux.

Cette pratique du jeûne religieux n'est pas une fin en soi. Elle est un moyen de se rendre plus disponible à l'action du Seigneur et plus solidaire envers les autres. C'est ainsi que le jeûne est intimement lié à la prière et à l'aumône ou au partage. Si on jeûne pour se prouver à soi-même et aux autres notre force de caractère, ou pour des raisons strictement hygiéniques, le jeûne perd de sa portée spirituelle.

Une expérience de tout l'être

La valeur du jeûne chrétien ne dépend pas de sa durée, mais de l'Esprit Saint qui l'anime et de l'esprit dans lequel nous le vivons. Il peut être d'une heure ou plus, lorsqu'on se prépare le cœur pour accueillir l'Époux. Tel est le sens du jeûne eucharistique, où l'Église catholique demande, depuis 1966, que l'on se prive de nourriture au moins une heure avant la messe. Cette privation toute simple nous rappelle que l'on doit recevoir avec respect le corps et le sang du Christ. Le jeûne constitue une bonne préparation spirituelle à l'Eucharistie. Il nous aide, avec le recueillement et une foi vivifiée par l'amour, à participer activement au repas du Seigneur quand nous nous réunissons pour célébrer sa mort et sa résurrection.

L'Église demande que les jours du mercredi des Cendres et le Vendredi saint soient des jours de jeûne et d'abstinence, afin que les fidèles soient mieux disposés à célébrer le mystère pascal. Le jeûne ici veut dire : prendre un seul repas complet et un repas léger, sans viandes et sans collations. Pour l'abstinence, il s'agit seulement de ne pas manger de viande. Les enfants de moins de quatorze ans, les femmes enceintes et les personnes malades n'ont pas l'obligation de jeûner.

Pour le jeûne intégral d'une journée, je conseille de prendre un repas léger la veille : un potage, des légumes, un fruit. Ne rien manger de la journée, mais boire de l'eau. Des tisanes de thym peuvent aider si on se sent faible. Le lendemain matin, on rompt le jeûne avec un fruit, un yogourt. Cette abstention de nourriture et cette rupture avec les habitudes quotidiennes créent une ouverture du cœur pour la prière.

Le jeûne chrétien est d'abord intérieur avant d'être extérieur, solidaire et intercesseur. Ce n'est pas un châtiment ou une privation d'être, mais une libération, une accession à ce que l'on est vraiment, un enfant de Dieu. Dans sa règle, saint Benoît invite à aimer le jeûne. En effet, c'est en l'aimant que nous pouvons le redécouvrir et le vivre dans la confiance et dans la joie. Comme Jésus le disait si bien :

> Quand vous jeûnez, ne prenez pas un air abattu. (Matthieu 6, 16.)

J'ai déjà jeûné à l'eau plusieurs fois. Je relate l'un de ces jeûnes de longue durée dans mon carnet de jeûne chrétien *Se purifier pour renaître*[1]. Ce livre aborde l'aspect physique, psychologique et spirituel du jeûne, car la personne est un tout.

Je conseille de manger plus léger la semaine qui précède le jeûne. Le café, la cigarette, le verre d'alcool, les épices sont à éliminer progressivement. La prière intérieure et liturgique aide à persévérer, de même qu'un peu d'humour. La surveillance d'un médecin est parfois recommandée. Les trois premiers jours sont les plus difficiles.

Il faut être très motivé pour jeûner. C'est une question d'attitude intérieure, mûrie dans la prière. Trois raisons m'ont poussé à entreprendre ce jeûne qui s'échelonna du 1er au 15 juin 2003, soit de l'Ascension à la Trinité : demander à Dieu plus d'humilité, être fidèle à la mission que Jésus me confie, être solidaire de ces quêteurs de sens qui vivent un grand vide spirituel, comme Denys Arcand l'a montré dans son film *Les invasions barbares*. Le jeûne devient alors prière d'intercession.

Le corps se nettoie et se refait durant le jeûne. Il est en repos, d'autant plus qu'il ne dépense pas d'énergie pour la digestion. Il est naturellement ouvert pour la lecture, la méditation de la Parole de Dieu, le silence, la liturgie, la prière intérieure.

Normalement, la personne qui jeûne se recueille plus facilement ; son esprit est plus attentif à Dieu, son cœur plus à l'écoute de sa Parole. Elle se rend disponible à la rencontre avec le Père, en se laissant aimer par lui, qui nous donne Jésus et l'Esprit. Le maître de l'oraison que

---

1. Presses de la Renaissance, 2004.

70

fut Jean Lafrance témoigne clairement de l'influence de la nourriture et du jeûne dans la prière :

> Si tu veux prier, tu dois manger légèrement car l'abondance de nourriture alourdit ton estomac, te porte au sommeil et t'empêche de prier. Tu dois manger juste ce qu'il faut pour te permettre de travailler et de garder ton cœur éveillé pour la prière. La prière est intimement liée au jeûne. Quand tu jeûnes, tu dois prier plus que de coutume, parce que *l'homme ne vit pas seulement de pain mais de toute parole qui sort de la bouche de Dieu*. Ainsi dans l'ascèse, le jeûne est ordonné à la prière, il inscrit jusque dans ta chair la faim et la soif de la Parole de Dieu et de l'Eucharistie. Une fois sorti du jeûne, ne te goinfre pas, pour garder la prière vivante en toi. (*Dis-moi une parole. Sentences sur la prière*, Médiaspaul, 1990, p. 62-63.)

Le jeûne dans la Bible

Le jeûne de longue durée est présent dans l'Ancien Testament, il est même un fondement de la spiritualité d'Israël :

> Mieux vaut la prière avec le jeûne, et l'aumône avec la justice, que la richesse avec l'iniquité. (Tobie 12, 8.)

Le jeûne prépare à la rencontre de Dieu :

> Moïse demeura sur le Sinaï avec le Seigneur quarante jours et quarante nuits ; il ne mangea pas de pain et ne but pas d'eau. Sur les tables de pierre, il écrivit les clauses de l'Alliance, les Dix Commandements. (Exode 34, 28.)

Élie aussi jeûne avant sa rencontre avec Dieu. Découragé et fatigué, il désire mourir sous un genêt. Apparaissant sous forme d'ange, le Seigneur le touche, le nourrit et l'envoie pour la mission. Élie marche et s'approche de la montagne sacrée en jeûnant quarante jours et quarante nuits. Purifié par ce jeûne, il est prêt à rencontrer Dieu, au sommet de l'Horeb, dans le silence « d'une brise légère » (1 Rois 19, 12).

David est un exemple éloquent du jeûne de repentir. Pris de remords au moment où le garçon, qu'il avait conçu avec Bethsabée, mourait, il se mit à jeûner sept jours (2 Samuel 12, 16-18). La tradition juive a placé sur ses lèvres l'une des prières les plus célèbres du psautier, le Psaume 50, psaume pénitentiel par excellence, appelé aussi le *Miserere*.

> Pitié pour moi, mon Dieu, dans ton amour,
> selon ta grande miséricorde, efface mon péché.
> Lave-moi tout entier de ma faute,
> purifie-moi de mon offense. (Psaume 50, 3-4.)

Dans le Nouveau Testament, le jeûne de Jésus au désert découle d'un appel de l'Esprit :

> Jésus fut conduit par l'Esprit à travers le désert où, pendant quarante jours, il fut mis à l'épreuve par le démon. (Luc 4, 1-2.)

Ce jeûne le prépare à sa mission. Après l'avoir rompu, Jésus retourne en Galilée pour annoncer l'Évangile, « avec la puissance de l'Esprit » (Luc 4, 14). Le jeûne pour Jésus est donc action de l'Esprit, prière d'abandon, préparation à la mission d'annoncer le Royaume de Dieu.

Le jeûne de Jésus fut réel et rigoureux. Par trois fois, le Maître fut tenté au désert, ne l'oublions pas. Son jeûne fut un combat spirituel. Le Tentateur l'a défié, lui a fait miroiter un messianisme temporel, lui a infligé des humiliations (Matthieu 4). Par le jeûne, l'humilité et l'obéissance au Père, Jésus a résisté aux convoitises de la toute-puissance et aux abus de pouvoir. Il a répondu trois fois à l'Adversaire par la puissance de la Parole de Dieu, non par la pensée magique.

> Ma nourriture, c'est de faire la volonté de celui qui m'a envoyé et d'accomplir son œuvre. (Jean 4, 34.)

Dans l'attente de l'Époux

La tradition biblique et chrétienne a toujours reconnu le jeûne, la prière et l'aumône comme des expressions privilégiées de la conversion et de la pénitence. Ce sont des instruments au service du pur amour des autres et de Dieu. C'est ce que rappelle le Seigneur au prophète Zacharie :

> Quand vous avez jeûné et gémi aux cinquième et septième mois, déjà soixante-dix ans, est-ce pour l'amour de moi que vous avez multiplié vos jeûnes ? [...] Rendez une justice vraie et pratiquez bonté et compassion chacun envers son frère. (Zacharie 7, 5, 9.)

À la suite des prophètes, Jésus insiste pour que le jeûne, la prière et l'aumône soient vécus de l'intérieur et non pour que nous soyons vus des hommes : « Ton Père qui voit dans le secret te le rendra » (Matthieu 6, 18). Pour le jeûne, Jésus recommande de se parfumer la tête et de se laver le visage, de ne pas prendre un air abattu :

> Et quand vous jeûnez, ne prenez pas un air abattu, comme ceux qui se donnent en spectacle : ils se composent une mine défaite pour bien montrer aux hommes qu'ils jeûnent. (Matthieu 6, 16.)

73

Dans ce chapitre 6 de Matthieu, l'expression « ton Père voit dans le secret » revient à trois reprises, en référence à la prière, au jeûne et à l'aumône. Jésus demande d'abord que ces pratiques soient faites dans l'intériorité, l'humilité et la discrétion. Ce qui compte, c'est la pureté d'intention, la sincérité de l'âme, la conversion du cœur. La rencontre avec Dieu est alors possible, le jeûne n'étant qu'un moyen pour se rendre disponible à cette rencontre.

Des disciples de Jean Baptise avaient demandé à Jésus : « Pourquoi tes disciples ne jeûnent-ils pas, alors que nous et les pharisiens nous jeûnons ? » Jésus leur répondit :

> Les invités de la noce pourraient-ils donc faire pénitence pendant le temps où l'Époux est avec eux ? Mais un temps viendra où l'Époux leur sera enlevé, et alors ils jeûneront. (Matthieu 9, 14-15.)

Jésus poursuit avec ces deux métaphores : on ne coud pas une pièce d'étoffe neuve sur un vieux vêtement et l'on ne met pas du vin nouveau dans de vieilles outres. Ce vin nouveau, n'est-ce pas l'Esprit que Jésus nous donne ? Par le jeûne, nous renouvelons nos vieilles outres corporelles pour mieux recevoir ce vin de l'Alliance nouvelle. Nous prenons la pièce d'étoffe neuve de l'Évangile et buvons le vin nouveau du christianisme. Ce qui est vieux fait place à la nouveauté du salut : la foi au Christ remplace la loi de Moïse, les béatitudes deviennent les nouvelles tables de la loi, le jeûne se vit dans l'humilité qui nous fait tout attendre de Dieu.

Un signe de conversion

Le jeûne témoigne de l'importance du corps dans la prière. Le corps qui se prive crie vers Jésus ; la faim de pain se transforme en faim de pain eucharistique. Pas de vie de prière en dehors du corps qui nous aide à être présent à Dieu et conduit au Corps du Christ qui se donne en Église à chaque eucharistie[1].

Par le jeûne et l'oraison intérieure, on sort de soi-même pour laisser Dieu entrer en nous, pour qu'il naisse en nous, selon l'expression du mystique rhénan Maître Eckhart. Cette naissance se réalise surtout par l'humilité qui est vide de soi-même, anéantissement en Jésus, vérité de notre être limité.

Le jeûne est une vraie nourriture de l'âme qui dispose à la prière. En jeûnant, on fait l'expérience des limites et de la remise de tout notre être à Dieu. Comme l'écrit si bien le grand jeûneur que fut Lanza del Vasto :

> Jeûner, c'est s'enfoncer dans nos racines, c'est connaître nos limites en les touchant. (*Le pèlerinage aux sources*, Denoël, 1943.)

Le temps du Carême est le temps par excellence de la conversion, du pardon, du retour vers Dieu. Le jeûne chrétien anticipe ce retour. La première lecture du mercredi des Cendres le rappelle :

> Revenez à moi de tout votre cœur, dans le jeûne, les larmes et le deuil ! Déchirez vos cœurs et non pas vos vêtements, et revenez au Seigneur votre Dieu, car il est tendre et miséricordieux, lent à la colère et plein d'amour. (Joël 2, 12-13.)

---

1. Nous reviendrons sur ce thème dans le prochain tome de la collection « Les chemins de la prière » : *L'Eucharistie : source de la prière chrétienne*.

Le jeûne conduit à l'aumône, au partage. L'argent économisé par le jeûne est donné aux plus démunis. Plusieurs Pères de l'Église, comme Ambroise et Cassien, montrent que le jeûne est vraiment religieux si on envoie aux pauvres le prix du repas. Saint Augustin traduit bien cette pensée des Pères :

> Voici que tu as privé ton corps. À qui donneras-tu ce dont tu t'es privé ? Où placeras-tu ce que tu t'es refusé ? Combien de pauvres pourraient nourrir le repas que nous n'avons pas pris aujourd'hui ! » (Cité par Alexandre Guillaume dans *Prière, jeûne et charité*, Éditions S.O.S., 1985, p. 39.)

Le jeûne uni à la prière est une participation à la compassion du Christ. Ce n'est pas une compétition ou une performance, mais un repos et une grâce. Il jaillit de la plénitude intérieure de l'Esprit qui dilate le cœur, en union avec le Christ. Et lorsque le jeûne devient souffrance, il reste l'eau de la prière, les larmes du cœur, le pain eucharistique, les œuvres de miséricorde et l'huile de la Parole de Dieu, dans l'attente de l'Époux qui vient. Notre faim de sa présence augmente à la table de son absence, où nous répétons :

> Amen ! Viens, Seigneur Jésus ! (Apocalypse 22, 20.)

EXERCICE PRATIQUE

Jean-Paul II écrivait dans son *Exhortation à la pénitence* (n° 26) : « Le jeûne peut être pratiqué sous des formes anciennes ou nouvelles, comme signe de conversion, de repentir et de mortification personnelle, et en même temps d'union avec le Christ crucifié, et de solidarité avec ceux qui ont faim et ceux qui souffrent. » Par exemple, tu peux prendre un repas au pain et à l'eau le vendredi pour demander au Seigneur qu'il y ait plus de paix dans le monde. Mais le jeûne alimentaire n'est pas le seul jeûne qui peut être signe de conversion et de solidarité, surtout durant le Carême. Il y a le jeûne de la langue : pas de paroles inutiles, de jugements intempestifs, de critiques acerbes. Il y a aussi le jeûne du regard et de l'ouïe : moins de télévision ou de jeux vidéo, attention aux images et gestes qui ne respectent pas la dignité du corps humain.

Prière

Comme le bourgeon éclate au soleil,
je m'ouvre à ta Parole, Seigneur Jésus,
toi qui ne cesses de naître en moi.

Comme la feuille frissonne au vent,
je tressaille au souffle de ton Esprit
qui épouse mon silence.

Comme l'érable change à l'automne,
je grandis au feu de ton amour
qui transfigure mon âge.

Comme la branche flotte sur l'eau,
je descends le courant avec confiance
vers toi, Père au grand large.

Ainsi coulent ma prière et mon jeûne,
en pure perte pour un fruit de joie
qui demeure éternellement.

(Jacques Gauthier, *Prières de toutes les saisons*,
op. cit., p. 143.)

Deuxième partie

« De tout mon cœur, Seigneur, je
rendrai grâce,
je dirai tes innombrables merveilles ;
pour toi, j'exulterai, je danserai,
je fêterai ton nom, Dieu Très-Haut. »

Psaume 9A, 2-3

CHAPITRE 6

Du corps au cœur

J e fais du jogging un matin sur deux depuis vingt-cinq ans. C'est bon pour la santé et mon corps y trouve sa joie. Cette activité physique m'ancre dans l'instant présent et stimule les pensées. Pendant que je cours, mon esprit est libre pour penser au Seigneur, pour le louer dans la magnificence de sa création. Les kilomètres défilent sous mes pieds et mon cœur se dilate au rythme de ma prière.

Je cours dans la voie de tes volontés,
car tu mets au large mon cœur. (Psaume 118, 32.)

Il y a un autre exercice, encore plus vital pour moi, que j'accomplis fidèlement chaque matin : l'oraison inté-rieure et silencieuse, ce cœur à cœur amoureux avec le Seigneur, qui s'inspire beaucoup de la tradition du carmel. Il s'agit d'être présent à la Présence dans la solitude de son cœur. Ce jogging spirituel est excel-lent pour l'âme ; j'y vois un avant-goût de la vie éter-nelle. Je me laisse rejoindre par le Seigneur en me recueillant, corps et âme, et j'attends dans la foi. L'atten-tion amoureuse à son mystère est d'autant plus facile si mon corps est détendu, comme après une séance de jogging, qui est pour moi une bonne préparation à l'oraison.

L'oraison ne s'apprend pas comme deux et deux font quatre, mais elle se prépare. Aucune technique ni aucune posture n'en donnent la recette. Elle est un don de Dieu que l'on accueille dans le temps et dans un espace donné, au lieu où l'on est, avec son corps. Plus que des formules à réciter, l'oraison chrétienne est vivre d'amour avec le Christ au quotidien. Il s'agit de passer de la sur-face à la profondeur, du corps au cœur, du dehors au dedans, des prières à la prière. C'est un va-et-vient constant entre Dieu et son enfant, sans que l'on sache trop ce qu'il en est réellement, un peu comme le vent souffle où il veut.

Dieu fait toujours le don de la prière à celui qui le lui demande. Ce que nous pouvons faire, nous y préparer : temps fixe, position confortable, respiration, recueille-ment, mot-prière, verset d'un psaume, écoute, silence. C'est un exercice d'amour. On apprend à aimer en aimant, on apprend à prier en priant, seul ou avec d'autres, dans sa chambre ou dans la grande liturgie de l'Église. La prière devient aussi vitale que boire et manger, dormir et respirer.

Parcourir un chemin

La prière est plus un chemin à parcourir qu'un rite à accomplir, c'est d'abord une expérience à vivre. Nous n'avons jamais fini de commencer et d'apprendre à prier. Au début de mon cheminement spirituel, j'accordais de l'importance à telle posture, à la manière dont je respirais et priais, au silence, aux consolations que je pouvais ressentir. Mais avec le temps, cela est devenu moins important. J'ai compris que ce n'est pas la posture du corps qui est centrale, mais l'attitude intérieure qu'elle suscite, comme l'intention d'être en présence de Dieu, quoi qu'il arrive, même si je suis dans une grande aridité et que les distractions m'envahissent. En tant qu'être de relation, je me reçois de Dieu dans la prière profonde qui me relie à lui dans une expérience de communion, non de fusion.

Je ne suis pas toujours attentif à la présence de Dieu dans mon temps d'oraison, mais j'ai l'intention de l'être, et cela suffit. Mon corps est là, même si je suis distrait. J'essaie d'« être » en silence plutôt que de « faire » silence. Mon corps m'aide du mieux qu'il peut. Le Christ ressuscité voit mon corps et mon désir, au-delà de ma manière de prier. C'est Jésus le Christ qui importe, plus que moi. Je le regarde, il me regarde. Le reste ne m'appartient pas. Il m'est demandé d'être là, à cette heure précise, avec mon corps et le désir d'être présent à la présence de Dieu, assez longtemps pour me laisser aimer et rencontrer par lui.

Prier, c'est un verbe d'action qui a besoin du corps pour exprimer les attitudes d'adoration, d'offrande, de supplication, d'écoute, d'action de grâce, de silence, d'amour. Mais l'essentiel n'est pas là. Ce qui fait la prière, ce sont des actes de foi, d'espérance et d'amour au Christ, mille fois répétés, mille fois repris tout au long du chemin. Ces actes nous décentrent des pensées et des soucis. Par la foi, l'espérance et l'amour, nous retournons sans cesse au cœur profond, où réside le Seigneur.

Les chemins de la prière sont toujours des chemins du retour vers le cœur et vers le Christ. Nous sommes si souvent ailleurs dans l'acte de prier et Dieu nous manque souvent. Mais le corps est là qui se lève, se prosterne, gémit, s'assoit, attend. Pauvre et aveugle, nous n'avons que la foi, l'espérance et l'amour pour nous guider dans cette nuit de la prière contemplative, appelée aussi oraison, qui est échange de deux regards, union à Dieu, alliance de deux libertés, dialogue amoureux, en silence ou avec des mots. On touche le Christ par la foi, on le cherche dans l'espérance de le trouver, pour l'aimer davantage et le chercher toujours sur les chemins du quotidien, car hors de lui, nous ne pouvons rien faire.

Je ne suis jamais seul dans l'oraison. Je le sais par le clair-obscur de ma foi, où parfois une lueur perce le rideau de la nuit. Je suis là pour Dieu, en silence, sûr de son amour, même si je ne le sens pas toujours. Je ne fais rien, ou si peu, ni ne dis grand-chose. Je me laisse faire et aimer. Quelle activité pour quiconque aime accomplir des choses « importantes » ! La meilleure méthode ici est de ne pas en avoir. Le plus grand effort est de ne pas en faire. Seulement être disponible à Dieu, l'attendre, l'écouter dans le silence, désirer l'aimer, se maintenir dans la présence de son absence, l'attendre toujours. Le reste lui appartient. On peut s'aider de la Bible, d'un mot, d'une prière, d'une icône, d'un crucifix, d'une musique, mais l'oraison reste toujours une silencieuse attente du Seigneur dans l'abandon à son invisible présence.

Être là

Toute oraison commence normalement par une mise en présence de Dieu qui est une sorte de mise en forme spirituelle. Cette mise en présence peut se faire par le signe de la croix, un geste du corps, un chant qui détend, une courte évocation qui aide à plonger en Dieu, comme les refrains incantatoires de Taizé. Thérèse d'Ávila conseillait de commencer l'oraison par le « Je confesse à Dieu ». Récitons-le lentement, comme toute formule, car la lenteur au début de la prière favorise le recueillement. Rien ne cesse d'accélérer le débit des formules ou de précipiter les actions au début de l'oraison, cela distrait.

On peut aussi commencer en demandant pardon pour nos fautes, reconnaître devant Dieu notre pauvreté radicale, invoquer l'Esprit Saint pour qu'il nous comble de son amour. Plus nous serons au creux de l'indigence, plus l'Esprit donné au jour du baptême nous remplira. Il est le maître de la prière. Il nous recueille en Dieu et répand son amour en nos cœurs. Plus on se dispose ainsi à la prière, plus cela devient tout naturel, si nous savons durer. Il y a des jours où c'est plus facile, d'autres moins, c'est normal, car le corps n'est pas une machine à prière. Nous avons nos cycles hormonaux, problèmes de santé, passages à vide, sautes d'humeur, lourdeurs, pensées chancelantes, comme il est écrit au livre de la Sagesse :

> Les réflexions des mortels sont mesquines, et nos pensées chancelantes ; car un corps périssable appesantit notre âme, et cette enveloppe d'argile alourdit notre esprit aux mille pensées. (Sagesse 9, 14-15.)

Ce que nous pouvons faire dans l'oraison, c'est d'être là. On se contente de rester immobile, en silence, présent dans le « château intérieur », comme dirait Thérèse d'Ávila. L'oraison est la porte d'entrée du château de l'âme. On n'a pas à être ailleurs qu'en soi, attentif à Dieu qui nous transforme en lui par le Christ dans l'Esprit. Nous sommes là, dans notre corps, comme dans une maison habitée par l'Esprit. Tout le travail est de se tenir en silence dans une attitude amoureuse à Dieu. Nous n'avons rien d'autre à faire que d'être là et de demeurer dans le Christ. Faire oraison, c'est ne rien faire pour le laisser faire. Même si on semble perdre notre temps, Jean de la Croix conseille de rester dans la paix, de garder patience et de persévérer dans l'amour.

Lorsque nous apercevons que nous sommes distraits, nous revenons doucement à l'attention à Dieu, au recueillement qui est accueil de l'action de l'Esprit en nous. Pour s'aider, on peut changer de position, prendre conscience de la respiration en répétant le nom de Jésus. Mais le meilleur moyen de se maintenir dans un certain silence et de persévérer, c'est encore de vouloir demeurer en Jésus en disant : « Seigneur je crois en toi, j'espère en toi, je t'aime. » Il est là dans sa Parole pour soutenir le corps, au-delà de toute quiétude psychologique et de toute recherche de soi-même. On s'abandonne à son amour trinitaire, sans limites.

Si quelqu'un m'aime, il restera fidèle à ma parole ; mon Père l'aimera, nous viendrons chez lui, nous irons demeurer auprès de lui. (Jean 14, 23.) Demeurez en moi, comme moi en vous. De même que le sarment ne peut pas porter de fruit par lui-même s'il ne demeure pas sur la vigne, de même vous non plus, si vous ne demeurez pas en moi. (Jean 15, 4.)

La prière de Jésus

Au chapitre 4 sur la respiration, j'ai montré qu'il fallait résister à la tentation de faire de la méthode une idole.

Ce qui n'empêche pas d'avoir recours aux méthodes de prière si elles aident à nous mettre en présence de Dieu et d'y rester. Par exemple, « la prière de Jésus », si chère à l'Église orthodoxe, popularisée en Occident par *Les récits du pèlerin russe*. Ce sujet demanderait un livre complet. Voici cette courte prière, tirée du Nouveau Testament (*cf.* Marc 10, 46-52 ; Luc 18, 13), prière de demande toute simple qui soude miséricorde divine et misère humaine : « Seigneur Jésus, Fils de Dieu, aie pitié de moi, pécheur. »

La prière de Jésus est aussi appelée « prière du cœur » ou « chapelet oriental », puisqu'on peut utiliser un chapelet en laine de cent grains ou plus pour la répétition de l'invocation. Ce chapelet porte le nom de *chotky*. Vocale ou silencieuse, cette formule aide à chasser les pensées importunes, à fixer l'attention et à se tenir en présence de Dieu en tout temps et en tous lieux, répondant ainsi au conseil de saint Paul : « Priez sans relâche » (1 Thessaloniciens 5, 17).

> La prière de Jésus, dans sa formulation totale, met en œuvre l'homme total, corps-âme-esprit, lui révélant le Dieu total et trois fois saint, Père-Fils-Esprit. Synergie où « Dieu devient homme pour que l'homme devienne Dieu. » (Alphonse et Rachel Goettman, *Prière de Jésus. Prière du cœur*, Albin Michel, 1994, p. 199.)

La prière de Jésus peut être dite en tout temps. On la répète à mi-voix ou intérieurement, dans un moment de recueillement, les yeux fermés. Pour les commençants, dix minutes deux fois par jour suffiront. On peut aussi la dire durant les activités de la journée. Cela suppose que l'esprit soit assez libre pour qu'il soit attentif à ce que disent tes lèvres.

On prononce la première partie en inspirant, puis l'autre en expirant, selon ce qui nous convient. Par exemple : inspire, « Seigneur Jésus, Fils de Dieu » ; expire, « Aie pitié de moi, pécheur ». Chaque expiration approfondit la détente de l'être. On peut changer l'alternance de la formule pour une version plus appropriée à ce que l'on vit, ou prendre une autre formule, comme celle qui ouvre l'office des Vêpres : « Dieu, viens à mon aide, Seigneur à notre secours. » Cette prière de pauvreté était pratiquée par les moines du désert.

La prière doit toujours rester simple, sans forcer quoi que ce soit, ni privilégier l'émotion. Elle nous identifie au Christ ressuscité qui répand sur nous son souffle, comme il le fit sur les apôtres, le premier jour de la semaine, alors qu'ils avaient verrouillé les portes :

> Jésus répandit sur eux son souffle et il leur dit : « Recevez l'Esprit Saint. » (Jean 20, 22.)

Jésus est là, au milieu d'eux, avec son corps glorieux, soufflant sur eux comme au jour de la création, créant ainsi l'homme nouveau et une communauté humaine nouvelle, l'Église, née de son souffle et de son sang. Lorsqu'on prie le nom de Jésus, nous sortons aussi de nos tombeaux, les portes ne sont plus verrouillées, et c'est toute l'Église qui respire avec nous.

> La méditation chrétienne de l'Orient a valorisé le symbolisme psychophysique, souvent absent de la prière de l'Occident. Il peut aller d'une attitude corporelle déterminée jusqu'aux fonctions vitales, comme la respiration et le battement cardiaque. Ainsi l'exercice de la « prière de Jésus », qui s'adapte au rythme respiratoire naturel, peut, au moins pour un certain temps, être d'une aide réelle à beaucoup. (Congrégation pour la doctrine de la foi, *La méditation chrétienne*, n° 27.)

LA PRIÈRE PERSONNELLE

La formule peut paraître un peu longue pour certains et nous pouvons avoir de la difficulté à la rythmer avec notre souffle. C'est mon cas. On peut alors dire seulement « Jésus Christ », « Seigneur Jésus », « Viens, Seigneur Jésus », ou plus simplement encore : « Jésus ». À chacun de trouver la formule qui lui convient.

Descendre au cœur

John Milton écrit dans son *Paradis perdu* : « Ce ne sont pas les lieux, c'est son cœur qu'on habite. » Le cœur est la demeure de notre Dieu, le lieu de sa présence. Habiter ce lieu intime, c'est se trouver soi-même en y cherchant Dieu. Suivre cette boussole du cœur, c'est assister à la naissance de sa vocation, à la transformation de son visage intérieur, à la vérité de son être.

> Mais tu veux au fond de moi la vérité ;
> dans le secret, tu m'apprends la sagesse.
> Crée en moi un cœur pur, ô mon Dieu,
> renouvelle et raffermis au fond de moi mon esprit.
> (Psaume 50, 8.12.)

Les sagesses orientales parlent d'éveil du cœur, de contact avec son être profond, son vrai « moi ». Des nouvelles spiritualités proposent des techniques et des méthodes qui aident les gens à méditer, à « faire silence », à être attentifs à eux-mêmes. On parle de postures, de mantras, de respiration, d'attitudes. Les différentes traditions monastiques proposent depuis longtemps des pistes qui mènent à cette voie de l'intériorité : *lectio divina*, méditation, oraison, liturgie, silence, travail manuel.

John Main, moine bénédictin décédé en 1982, a enseigné une forme de méditation chrétienne qui remonte aux premiers siècles de l'Église. Le mot « méditation » veut dire ici : se tenir au centre de notre être, c'est-à-dire en Dieu. Main va s'appuyer sur un *mantra*, « *Marana Tha* » (mot araméen qui signifie : « Viens, Seigneur Jésus ! » (1 Corinthiens 16, 22), qu'il suggère à tous, pour se tenir au centre de l'âme, malgré les distractions et les images. Main conseille de ne pas s'arrêter aux sentiments d'amour dont nous pouvons avoir pour Dieu durant ce temps de silence, mais de revenir sans cesse au *mantra* chrétien. À mon avis, et d'après quelques confidences que j'ai reçus de « méditants », cela peut causer à la longue un vide intérieur et affectif. Voici la manière de méditer qu'il propose :

> Assoyez-vous confortablement, le dos bien droit. Fermez les yeux et, très calmement et sereinement, commencez à dire silencieusement votre mot dans votre cœur : « Ma-ra-na-tha ». Oubliez le temps. Nous méditerons environ vingt-cinq minutes. Pendant tout ce temps, il vous faut *être*. Être en paix, être immobile, immobile de corps et immobile d'esprit, ouvert à la vie et au Seigneur de la vie. (John Main, *Le chemin de la méditation*, Bellarmin, 2001, p. 27.)

Le moine cistercien Basil Pennington met aussi au point une technique de prière qui consiste à se laisser rejoindre par Dieu au centre de l'être. Son livre *Centering Prayer* fut repris en français sous le titre évocateur : *La prière de silence* (Novalis, 2006). Cette « prière de recentrement », ou de « consentement », fut aussi enseignée par un autre moine américain, Thomas Keating. Encore ici, il y a un dépassement des pensées et des images pour mieux favoriser l'intériorité en Dieu et faciliter le développement de la prière contemplative qui trouve sa source dans la présence du Dieu trinitaire en nous : Père, Fils et Esprit Saint.

Pennington suggère pour mot-prière des *mantras* comme Jésus, amour, Abba, pourvu que ce mot sacré exprime l'intention de consentir à la présence et à l'action de Dieu en soi. La personne peut aussi exprimer son amour du Seigneur dans son oraison, puis revenir au mot-prière en reposant simplement en Dieu, sans effort. Contrairement à Main, et à son fils spirituel Laurence Freeman, les cisterciens Keating et Pennington affirment que nous pouvons laisser tomber le mot-prière lorsque nous arrivons dans un état profond de silence. Voici un résumé de cette prière contemplative qui, comme celle de Main, s'appuie sur des auteurs de la tradition chrétienne comme Jean Cassien, le mystique anonyme du *Nuage de l'inconnaissance* et Jean de la Croix :

> Après un moment de repos au centre dans un amour débordant de foi, nous choisissons un simple mot qui traduit notre consentement et nous le laissons se répéter intérieurement. Si jamais au cours de la prière nous devenons conscients de quoi que ce soit d'autre, nous retournons simplement, doucement, à la Présence, à l'aide du mot-prière. (Basil Pennington, *La prière de silence*, Novalis, 2006, p. 73.)

Il faut le redire ; l'oraison est essentiellement une question d'amour, comme la sainteté d'ailleurs. C'est descendre de la tête au cœur, et mettre tout l'être entre les mains de Dieu, sachant que l'on est aimé infiniment plus que nous ne le pensons. Prier, c'est donc aimer et se laisser aimer. « Plus on aime, mieux on prie », écrit Charles de Foucauld. Et plus on se laisse aimer, plus on devient prière. Le poète Patrice de La Tour du Pin résume cela en trois mots dans son hymne *En toute vie le silence dit Dieu* : « Il suffit d'être. »

EXERCICE PRATIQUE

Ferme les yeux, recueille-toi un instant dans le sanctuaire de ton cœur, « le ciel de ton âme », disait Élisabeth de la Trinité, et attends, jusqu'à entendre ce fin silence dans le bruit des distractions, ce mince filet d'eau vive, cette musique de la source qui murmure : « Viens vers le Père. » Écoute ce murmure de la source dans la brise légère de l'oraison, et rappelle-toi la parole du Père à Jésus qui t'est aussi adressée : « Tu es mon enfant bien-aimé, en toi je mets tout mon amour. » Se savoir aimé de Dieu, le laisser faire et reposer en lui, voilà l'expérience de la présence de Dieu, de la prière contemplative. L'oraison silencieuse est une source, à toi d'y descendre souvent, quelques minutes, pour y puiser l'eau vive ; à toi de tendre l'oreille du cœur pour y entendre les Trois qui aiment en toi : le Père qui se donne au Fils, le Fils qui reçoit tout du Père, l'Esprit qui échange cet amour avec toi et en toi, pour te partager les secrets du Roi.

Prière

Seigneur, j'ai tellement besoin de ta lumière
pour éclairer les profondeurs de mon cœur,
dépaysement toujours nouveau où je me perds
dans un je ne sais quoi d'illimité et de simple.

Mon oraison est de toutes les saisons,
chaleur et douceur, pluie et neige,
où j'accueille ta Parole pour mieux renaître.
Aide-moi à me recueillir dans ton amour,
à replanter mes racines dans la bonne terre.

Avec toi, je passe de la nuit au jour,
et comme l'arbre je m'incline à ton souffle
qui me dépouille, panse mes blessures,
m'entraîne dans le courant trinitaire.

Ô Dieu de mes attentes !
Parfume-moi de ton onction,
lève-toi à l'horizon de mon silence
pour que j'écrive ton nom
sur le parchemin de ma vie.

CHAPITRE 7

L'offrande de Jésus

On reproche souvent à l'Église catholique de ne pas voir le corps comme une voie de salut, de ne pas valoriser, par exemple, le plaisir et la sexualité. Pourtant, le christianisme est une religion du corps. Depuis que Dieu s'est fait visage en l'être humain son image, le corps est devenu le lieu du don où s'enracine une parole vraie qui libère.

Certes le corps, qui pour les croyants est reçu de Dieu, est souvent abusé, blessé, emprisonné, exploité... Jésus lui-même a connu cela dans sa Passion et sur la croix.

Son corps offert nous relève et son pardon ouvre le chemin de la résurrection. La prière exprime cette parole du corps qui est expérience de résurrection et rencontre de Dieu dans le Christ.

Des journalistes pris en otage par des gens armés ont souvent témoigné avoir eu recours à la prière parce que leurs corps bâillonnés n'avaient plus que cette parole. L'exemple de Christian Chesnot, libéré avec son confrère Georges Malbrunot après cent vingt-quatre jours de détention en Irak, est très éloquent.

La prière a été notre étoile dans les ténèbres. Je peux même dire qu'elle nous a sauvé la vie. Vous savez, dans ces circonstances exceptionnelles, il ne reste plus que l'essentiel. Et pour nous, c'était Jésus et Marie [...]. Tout au long de la détention et particulièrement durant le dernier mois et demi qui fut très dur, on faisait avec Georges des « séances de prière » de vingt minutes chacune, trois fois par jour, matin, midi et soir [...]. On se tenait debout dans un coin de la pièce, en joignant les mains. On se signait rapidement, puis on commençait notre « séance ». L'un de nos geôliers islamistes est entré un jour par surprise — il nous observait probablement — et nous a demandé : « C'est quoi, le geste que vous venez de faire ? » On a répondu : « C'est le signe de la croix de Jésus, le signe chrétien. — Faut plus faire ça ! », nous a-t-il ordonné [...]. Nos gardiens étaient des gamins de 17 ans... Les actes de leurs chefs sont impardonnables au niveau humain, mais je pardonnais d'un point de vue chrétien. Le Christ a bien dit : « Père, pardonne-leur, ils ne savent pas ce qu'ils font » ? La prière, dans ces instants, fut le dernier recours, le dernier refuge, la dernière humanité. (Interview de Luc Adrian dans *Famille chrétienne*, 22 janvier 2005, p. 8-13.)

Une nouvelle création

Tout commence par l'Esprit Saint qui prend « sous son ombre » le corps d'une jeune fille de Nazareth. À la question de Marie qui demande comme cela va se faire, l'ange Gabriel répond :

> L'Esprit Saint viendra sur toi, et la puissance du Très-Haut te prendra sous son ombre ; c'est pourquoi celui qui va naître sera saint, et il sera appelé Fils de Dieu. (Luc 1, 35.)

Par le « oui » libre de Marie, le Verbe se fait chair dans son sein. C'est le début d'une nouvelle création. Marie donne un corps au Fils de Dieu. Nos corps, temples de l'Esprit Saint, seront désormais glorifiés dans le Christ qui est sorti vivant du tombeau. Son corps glorieux n'est plus sensible comme le nôtre. Il est au-delà des contraintes terrestres d'espace et de temps. Nous ne pouvons pas le retenir comme Marie Madeleine au matin de Pâques, nous le touchons par notre foi et notre prière, en reprenant la profession de foi de Thomas : « Mon Seigneur et mon Dieu » (Jean 20, 28). Exceptionnellement, Thomas touchera le Ressuscité, reconnaissant ainsi que le Christ n'est pas un esprit, mais qu'il porte toujours les plaies de la Passion, emportant ses blessures dans l'éternité.

> Avance ton doigt ici, et vois mes mains ; avance ta main, et mets-la dans mon côté : cesse d'être incrédule, sois croyant. (Jean 20, 27.)

« Il est un Dieu blessé », note Benoît XVI, dans son homélie du dimanche de la Miséricorde, le 15 avril 2007 :

> Ses blessures sont pour nous le signe qu'Il nous comprend et qu'Il se laisse blesser par son amour pour nous. Ces blessures qui sont les siennes, comme nous pouvons les toucher dans l'histoire de notre temps !

Le Christ est mort pour nous, dit l'Écriture. Nos corps lui appartiennent. Même s'il a payé le prix de notre rachat, il ne faut pas tomber dans une culture de faute, une logique de dette où le corps et le plaisir sont discrédités. C'est par amour que le Christ a donné son corps librement pour nous. Il ne nous impose pas de sacrifice pour mériter le salut, mais comme le père de l'enfant prodigue, il nous accueille gratuitement et nous offre son pardon. Il désire avant tout la miséricorde entre nous et l'offrande de nos corps, à la suite du sien.

Le Christ établit un nouveau culte à partir de son corps qui remplace l'ancien temple, « car en lui, dans son propre corps, habite la plénitude de la divinité » (Colossiens 2, 9). Il nous enfante à la Croix pour que, devenus son Église, c'est-à-dire son corps mystique, nous donnions Dieu au monde. Notre regard tourné vers le côté ouvert du Christ en croix nous indique quel chemin prendre pour aimer et prier. De plus, le « Premier-né d'entre les morts » a donné une présence durable à son acte d'offrande par l'institution de l'Eucharistie, véritable nourriture de nos corps et âmes unifiés dans son amour miséricordieux.

> Si le monde antique avait rêvé qu'au fond, la vraie nourriture de l'homme – ce dont il vit comme homme – était le *Logos*, la sagesse éternelle, maintenant ce *Logos* est vraiment devenu nourriture pour nous, comme amour. L'Eucharistie nous attire dans l'acte d'offrande de Jésus. Nous ne recevons pas seulement le *Logos* incarné de matière statique, mais nous sommes entraînés dans la dynamique de son offrande. (Benoît XVI, *Dieu est Amour*, n° 13.)

À l'exemple du Christ, notre prière est offrande et fait partie de la nouvelle création. À travers son corps livré, l'amour de Dieu se révèle à tous, comme l'a compris l'auteur de la lettre aux Hébreux qui paraphrase le psaume 39 :

> En entrant dans le monde, le Christ dit, d'après le Psaume : Tu n'as pas voulu de sacrifices ni d'offrandes, mais tu m'as fait un corps. Tu n'as pas accepté les holocaustes ni les expiations pour le péché ; alors je t'ai dit : Me voici, mon Dieu, je suis venu pour faire ta volonté, car c'est bien de moi que parle l'Écriture. (Hébreux 10, 5-7.)

Comment Jésus priait-il ?

La prière coule dans le corps du juif pieux comme la sève dans l'érable au printemps. À partir de son corps désirant et fragile, il peut exprimer à Dieu ce qui l'habite et le préoccupe. Il récite les psaumes, souvent en se balançant, comme on le voit parfois au mur des Lamentations.

> Mon cœur et ma chair sont un cri
> vers le Dieu vivant. (Psaume 83, 3.)

Le Christ, tributaire du judaïsme de son temps, s'est aussi exprimé à Dieu en le priant à partir de ce qu'il vivait, avec son corps, surtout dans les moments importants de son existence : au baptême, dans le désert, avant de choisir ses apôtres, avant de prêcher, à la transfiguration, au repas pascal, au jardin des Oliviers, sur la croix... Il prie à la synagogue, durant les pèlerinages, au moment de demander une guérison, pour chasser les démons. Son corps tressaille de louange, passe des nuits en prière, suscite même chez ses apôtres le désir de la prière.

Jésus prie partout, mais il ne semble pas privilégier tel geste ou telle attitude. Il prie en public quand il se fait baptiser par Jean, ou avec quelques disciples au Thabor et au mont des Oliviers. On ne le voit pas souvent prier au temple. Depuis sa mort et sa résurrection, les temps sont accomplis : « C'est une fois pour toutes, au temps de l'accomplissement, qu'il s'est manifesté pour détruire le péché par son sacrifice » (Hébreux 9, 26). Il nous a donné cette consigne : « Restez éveillés et priez en tout temps » (Luc 21, 36).

Les évangélistes nous le décrivent comme levant les yeux vers le ciel (Marc 7, 34 ; Jean 11, 41), debout en louant le Père (Matthieu 11, 25), lui rendant grâce (Luc 10, 21), ou le suppliant à genoux (Luc 22,41), face contre terre (Matthieu 26, 39). Ces moments reflètent corporellement ce que pouvait être son lien d'amour avec le Père.

Le zèle pour son Père le dévore tellement qu'il chasse les marchands du temple, lieu réservé à la prière : « Ne faites pas de la maison de mon Père une maison de trafic. » (Jean 2, 16) Jésus purifie la « maison de prière » et fait de notre cœur le temple de la nouvelle alliance où l'Esprit Saint fait sa demeure. La montagne où l'on doit prier devient ce lieu intérieur de notre cœur, tel que révélé à la Samaritaine :

Les vrais adorateurs adoreront le Père en esprit et en vérité : tels sont les adorateurs que recherche le Père. Dieu est esprit, et ceux qui l'adorent, c'est en esprit et en vérité qu'ils doivent l'adorer. (Jean 4, 23-24.)

Une prière filiale

L'évangéliste Matthieu insère l'enseignement de Jésus sur la prière, dans ce qu'on a appelé « Le sermon sur la montagne », qui n'est pas sans rappeler le mont Sinaï. Jésus est présenté comme un nouveau Moïse qui propose à la communauté une Loi nouvelle. Ses paroles et ses actions témoignent de l'esprit du Royaume de Dieu qui est résumé dans les béatitudes. C'est dans ce contexte qu'il exhorte ses disciples à bien prier :

> Dans vos prières, ne rabâchez pas comme les païens : ils s'imaginent qu'en parlant beaucoup ils se feront mieux écouter. (Matthieu 6, 7.)

Jésus enseigne que la valeur de la prière n'est pas tant dans la quantité de paroles ou la répétition de formules que dans l'écoute intérieure de Dieu. Prier, ce n'est pas seulement parler à Dieu, c'est surtout écouter Dieu qui nous parle. C'est passer des lèvres au cœur. Ce qui faisait dire à saint Augustin : « Seigneur, que mes lèvres se taisent afin que mon cœur crie. » Cela demande de l'humilité, de la confiance, de l'abandon et du silence.

À la demande de ses disciples : « Seigneur, apprends-nous à prier » (Luc 11, 1), Jésus n'enseigne pas une technique ou une méthode de prière. Il répond par une prière de demande venue du silence de son cœur, le Notre-Père. Cette prière de Jésus est une parole qui fait écho à sa vie tournée vers le Père. Il montre que la prière chrétienne est essentiellement filiale en utilisant la parole araméenne « Abba », terme qui signifie « papa », utilisé surtout par les petits enfants. Jésus a un rapport si intime et confiant avec Dieu que c'est du cœur de sa prière filiale qu'émerge la révélation d'être le Fils de Dieu. C'est pourquoi il rend si souvent grâce au Père, lui remettant tout entre ses mains, comme le montre sa grande prière qu'on a appelée sacerdotale.

101

> Il leva les yeux au ciel et pria ainsi : « Père, l'heure est venue. Glorifie ton Fils, afin que le Fils te glorifie. Ainsi, comme tu lui as donné autorité sur tout être vivant, il donnera la vie éternelle à tous ceux que tu lui as donnés. Or, la vie éternelle, c'est de te connaître, toi, le seul Dieu, le vrai Dieu, et de connaître celui que tu as envoyé, Jésus Christ. » (Jean 17, 1-3.)

La prière de Jésus est glorification du Père et don de la vie éternelle. Il se révèle tel qu'il est en priant, c'est-à-dire en se donnant au Père et à chacun d'entre nous. La prière est son mode normal d'être fils devant le Père ; elle l'est aussi pour tous les chrétiens. Dans ce dessein, Jésus ne nous a pas laissés orphelins. Il prie le Père pour que l'Esprit de vérité soit envoyé après sa mort, pour que soit donné « un autre Défenseur qui sera pour toujours avec vous » (Jean 14, 16). Cet Esprit nous aide à vivre et à prier comme des fils dans le Fils. La prière émerge de notre identité filiale transmise par l'Esprit qui nous pousse à appeler Dieu « Abba ».

> L'Esprit que vous avez reçu ne fait pas de vous des esclaves, des gens qui ont encore peur ; c'est un Esprit qui fait de vous des fils ; poussés par cet Esprit, nous crions vers le Père en l'appelant : « Abba ! » (Romains 8, 15.)

Notre être de croyant est habité par le Christ qui a connu l'épreuve comme nous. Prêtre, il nous englobe dans son offrande. Prophète, il est le chef d'un corps, l'Église, et il nous envoie dans le monde. Roi, il nous rassemble en une prière parfaite dans le temps.

> Le grand prêtre que nous avons n'est pas incapable, lui, de partager nos faiblesses ; en toutes choses, il a connu l'épreuve comme nous, et il n'a pas péché. (Hébreux 4, 15.)

Une prière transfigurée

Jésus se retire souvent à l'écart pour prier. Même si son être filial est constamment uni au Père, il a besoin de prendre un temps précis pour prier son Père dans le secret et continuer la relation qu'il a avec lui. Le Père l'engendre en permanence comme il le fait pour chacun de nous. Nous pouvons ainsi dire qu'en Jésus nous prions sans cesse puisque nous sommes dans le Père comme ses fils et filles bien-aimés. Que dire à Jésus dans notre prière, sinon que nous l'aimons. « Je ne lui dis rien, je l'aime », disait la petite Thérèse un mois avant son entrée dans la vie.

> Mon Fiancé ne me dit rien et moi je ne lui dis rien non plus sinon que je l'aime plus que moi, et je sens au fond de mon cœur que c'est vrai car je suis plus à Lui qu'à moi ! (Thérèse de Lisieux, *Œuvres complètes*, Cerf/DDB, 1996, p. 417.)

Si Jésus prie souvent seul, il lui arrive de prendre avec lui des apôtres comme il l'a fait sur la montagne de la transfiguration.

> Jésus prit avec lui Pierre, Jean et Jacques, et il alla sur la montagne pour prier. Pendant qu'il priait, son visage apparut tout autre, ses vêtements devinrent d'une blancheur étonnante. (Luc 9, 28-29.)

Luc laisse entendre que, sous l'effet de la prière, la gloire à venir rayonne déjà sur le corps de Jésus. Quelle était la prière de Jésus pour qu'il soit ainsi transfiguré ? Qu'a-t-il bien pu dire à Moïse et à Élie ? Cela n'a pas d'importance. Ce qu'il faut noter dans cette scène c'est que Jésus est transfiguré pendant qu'il priait. Il expérimente la présence de Dieu en priant.

Pierre et les deux autres, accablés de sommeil, se réveillent et « ils virent la gloire de Jésus » (Luc 9, 32). Dieu se manifeste parfois à nous d'une manière sensible dans la prière. Alors, comme Pierre, nous voudrions dresser trois tentes pour jouir le plus longtemps de cette présence de Dieu. Nous sommes alors dans la joie, car nous voyons, dans la foi, cette présence de Jésus qui se manifeste à notre cœur. Nous sentons Jésus près de nous, comme si une nuée nous couvrait de son ombre :

> Lui qui transformera nos pauvres corps à l'image de son corps glorieux, avec la puissance qui le rend capable aussi de tout dominer. (Philippiens 3, 21.)

La nuée, présente dans le récit de la transfiguration, signifie la présence de Dieu. Elle provoque une certaine frayeur aux disciples. De la nuée, une voix se fait entendre qui va plonger les disciples dans le silence :

> Celui-ci est mon Fils, celui que j'ai choisi, écoutez-le. (Luc 9, 35.)

En Jésus, nous sommes aussi les fils et les filles du Père. Nous en prenons parfois conscience lorsque nous faisons silence dans la prière pour mieux entendre le Père nous dire son amour. C'est dans cette attitude filiale d'une prière confiante que nous pouvons reprendre la prière que Jésus nous a laissée et nous tourner vers le Père.

Benoît XVI commentait cet épisode de la transfiguration avant l'angélus du deuxième dimanche de Carême, le 4 mars 2007 :

104

Dans son dialogue intime avec le Père, il ne sort pas de l'histoire, il ne fuit pas sa mission pour laquelle il est venu au monde, même s'il sait que pour arriver à la gloire il devra passer par la Croix. Au contraire, le Christ entre plus profondément dans cette mission, en adhérant de tout son être à la volonté du Père, et il nous montre que la vraie prière consiste précisément dans l'union de notre volonté avec celle de Dieu. Par conséquent, pour un chrétien, prier ne signifie pas s'évader de la réalité et des responsabilités qu'elle comporte, mais les assumer à fond, en faisant confiance à l'amour fidèle et inépuisable du Seigneur. C'est pourquoi l'événement de la Transfiguration est, paradoxalement, l'agonie à Gethsémani (*cf.* Luc 22,39-46). Devant l'imminence de la passion, Jésus fera l'expérience de l'angoisse mortelle et il s'abandonnera à la volonté divine : à ce moment-là, sa prière sera un gage de salut pour nous tous. Le Christ en effet suppliera le Père céleste de « le libérer de la mort », et, comme l'écrit l'auteur de la lettre aux Hébreux, « il a été exaucé en raison de sa piété » (5,7). La résurrection est la preuve de cet exaucement.

Jésus n'invite pas ses amis à un silence vide, mais à partager le secret du Père : son amour unique pour chacun de nous, ses fils et ses filles bien-aimés. Pour bien l'entendre, il faut se recueillir dans le secret et se laisser cueillir tendrement par le Père en nous offrant avec Jésus. Cette prière orientée vers le Père culmine dans l'eucharistie, source et sommet de la vie chrétienne.

EXERCICE PRATIQUE

Jésus t'invite à te retirer dans ta chambre, c'est-à-dire à opérer une rupture avec les obligations quotidiennes en choisissant un moment et un lieu pour prier. Prendre un temps pour fermer sur toi la porte du monde et pour créer un climat d'intériorité n'est pas se couper du monde, encore moins de l'Église. Tu n'es jamais en dehors du corps du Christ. Tu ne pries jamais seul ; tu portes le monde dans ton corps et tu l'offres au Père dans le Fils. Un mot répété en silence comme le nom de Jésus, un psaume médité, le Notre-Père récité lentement, un chant religieux, une musique douce, une icône, peuvent initier au silence qui te saisit de l'intérieur pour mieux entendre « cette voix qui gémit dans les douleurs de notre monde le nom du Père » (Patrice de La Tour du Pin). Ta prière prend chair dans le service au monde qui est, à la suite de Jésus, un immense lavement des pieds, une offrande au Père. Tu peux alors dire avec saint Paul : « Soit que je vive, soit que je meure, la grandeur du Christ sera manifestée dans mon corps » (Philippiens 1, 20).

Prière

Tu nous as créés à ton image, Seigneur,
tu as écrit ta Parole au fond de l'être,
non avec des burins ou de l'encre,
comme sur les tables de pierre de jadis,
mais avec le doux feu de ton Esprit Saint.

Recrée en nous un cœur pur,
change-le en un cœur de chair qui espère,
prépare-le pour la prière de silence,
repose-le contre ton cœur de Père,
que nous devinions ta présence dans la nuit.

Près de ton Christ, notre cœur est léger,
il n'est pas froid de peur et de solitude,
mais chaud du sang versé par la lance.
Il s'étonne de renaître à chaque été,
tout brûlant de sève pascale.

Notre cœur est prêt, mon Dieu,
depuis que ton souffle l'a traversé.
Éveillons l'aurore par nos chants de joie.
Plus d'angoisse et de mort à perdre cœur,
Tu es, Seigneur, notre espérance à jamais.

Jacques Gauthier, *Prières de toutes les saisons*,
op. cit., p. 58.

CHAPITRE 8

Célébrer de tout son corps

L e christianisme est une religion de l'incarnation qui reconnaît la place unique du corps, qui ne dédaigne pas les rites et les signes sensibles, car « le Verbe s'est fait chair et il a habité parmi nous » (Jean 1, 14). Nous célébrons le mystère de la foi dans nos corps. Comment peut-il en être autrement ? Le Christ nous a choisis, corps et âme, pour servir en sa présence. Il nous invite à célébrer en l'Église le mystère de sa résurrection dans une liturgie qui se vit avec tous les sens, puisqu'elle est l'action d'un corps et d'un peuple. L'assemblée elle-même est corps mystique du Christ.

Notre foi n'est pas désincarnée, elle se situe dans une histoire sainte et a besoin de médiations, de rites, de sacrements, de gestes, de témoins, de rassemblements festifs pour se dire et s'inscrire dans notre mémoire corporelle. J'aborde ici quatre lieux où l'on célèbre de tout son corps : la liturgie, la rythmo-catéchèse, les soirées de prière et le culte des saints.

Une liturgie pour le corps

La liturgie est essentiellement corporelle. Le Père Gelineau disait que toute action liturgique commence par les pieds. On va vers l'assemblée en se déplaçant. La liturgie se comprend et se perçoit avec l'intelligence, bien sûr, mais aussi avec le corps et les sens. Elle se nourrit de gestes (le signe de la croix), de symboles (le cierge pascal), d'attitudes (debout à l'Évangile), de déplacements (procession le Vendredi saint), d'actions sur le corps (imposition des cendres au début du Carême). Comme le disait si bien Thomas d'Aquin, c'est dans notre nature de parvenir à la connaissance par le moyen de choses sensibles. Dieu nous a créés ainsi. Il s'est révélé à nous en prenant un corps. Désormais, il nous rejoint jusque dans notre corps et nous le célébrons dans une liturgie qui est une action corporelle, faite de gestes et de paroles. La liturgie ne dit pas ce qu'elle fait ; elle fait ce qui est dit : « Ceci est mon corps... Ceci est mon sang. » C'est Dieu qui a l'initiative par sa Parole, et nous qui répondons par des gestes de foi.

La liturgie chrétienne unit corps et esprit, geste et parole. Elle aide à entrer dans le mystère par les symboles et les rites. La liturgie du Vendredi saint est un exemple significatif. Elle commence par les pieds, c'est-à-dire par l'entrée silencieuse du ministre qui se prosterne devant l'autel vide. C'est toute l'Église qui adore en silence. Plus tard, la croix est présentée aux fidèles en trois phases : « Voici le bois de la croix qui a porté le salut du monde. » Puis, c'est la vénération collective. Mais l'important, comme l'écrivait saint Benoît au chapitre 19 de sa Règle, lorsqu'il parle de la psalmodie, c'est que « notre esprit soit accordé à notre voix ». On pourrait dire : que notre cœur soit accordé à nos gestes, ou ce qu'exprime la parole, que notre cœur le ressente, ou encore, qu'un rapport de justice nous relie les uns aux autres. C'est le sens profond du mot « amen » : oui, c'est vrai, j'adhère à ce qui est dit, je m'engage.

La liturgie est une expérience qui passe par les sens et qui se vit dans une assemblée. C'est physique. Ce n'est pas un exercice de piété individuelle, mais un acte social. La psalmodie en deux chœurs alternés dans les monastères en est une belle illustration. Il y a ici des corps en prière, debout ou assis, unis dans une seule voix, portés par un même souffle.

La liturgie se définit comme l'action d'un peuple qui célèbre, chante, prie, communie à un plus grand que lui. Nous voyons des objets spécifiques au culte qui sont parfois des œuvres d'art, nous écoutons la Parole de Dieu et des pièces musicales, nous touchons le voisin au geste de paix, nous goûtons le pain eucharistique, nous sentons l'encens qui monte vers le Père. Et surtout, nous chantons.

Imagine-t-on un pays sans son hymne national, les célébrations liturgiques sans les chants, Noël sans ses cantiques et Pâques sans alléluias ? La musique fait vraiment partie de la liturgie, comme de la vie. Elle peut même arrêter les guerres, le temps d'une trêve de Noël, comme le révèle Christian Carion dans son émouvant film *Joyeux Noël*.

Un jour, l'abbé d'un monastère avait fait appel au célèbre professeur Alfred Tomatis qui avait montré dans ses études que les sons ont le pouvoir mystérieux de nous dynamiser. L'abbé voulait comprendre l'état dépressif de ses moines. Celui-ci découvrit que le malaise venait de la disparition du chant dans la liturgie des Heures. La psalmodie ou le chant apaise le corps et met de l'ordre dans l'âme. La musique ici est au service du texte.

Si chanter c'est prier deux fois, une assemblée qui chante rend la liturgie plus festive et priante. Les acclamations, antiennes, alléluias, cantiques, hymnes permettent au corps de participer au mystère qu'il célèbre. Nous rendons grâce à Dieu par notre voix, nos chants, nos gestes, notre cœur. C'est toute l'Église qui prend corps dans la liturgie pour être ensuite envoyée en mission, à la suite du Christ.

La Parole et le corps

Le jésuite Marcel Jousse (1886-1961) a montré que les textes bibliques, surtout les récits d'évangile, sont rythmés comme des chants. Lorsqu'ils sont mémorisés par le corps, ils deviennent Parole vivante qui habite ceux et celles qui prient, petits et grands. Cette méthode de mémorisation et d'intériorisation des textes bibliques s'appuie sur le chant et le geste. Appelée rythmo-catéchèse en France, récitatif biblique au Canada, elle se sert du corps pour habiter la Parole. Les textes sont chantés sur des rythmo-psalmodies et accompagnés de gestes. Le corps se balance d'avant en arrière, les bras et les mains expriment tel verset du texte.

Dans certaines communautés, on se sert de ce gestuel pour illustrer l'Évangile du dimanche : la maison bâtie sur le roc, l'appel de l'aveugle Bartimée, l'annonce des bergers à Noël, Marie-Madeleine au tombeau, la descente de l'Esprit à la Pentecôte, la pêche miraculeuse, le bon samaritain... Il y a aussi une gestuelle appropriée pour des prières comme le Notre-Père, le Je vous salue Marie, le Magnificat, le cantique des créatures de François d'Assise. Cette forme de prière est un élan de tout l'être vers Dieu.

J'ai déjà appris quelques récitatifs bibliques lorsque j'étais plus jeune et la Parole s'imprimait progressivement dans mon corps. Je me l'appropriais par un mimétisme qui touchait le cœur. La Parole entrait en moi comme une eau vive, devenait prière, un peu comme Marie méditait et gardait la Parole en elle. Je l'approfondissais à mesure que je la chantais et dansais. Certes, au début, j'étais un peu gêné, étant plus habitué à exprimer ma foi d'une manière cérébrale. Avec cette méthode, le corps se met au service de la pensée et de la parole. Cette expérience est plus signifiante pour la personne qui fait le récitatif que pour celle qui regarde, car elle laisse résonner la Parole en son corps, temple de l'Esprit.

Le choix des gestes n'est pas laissé au hasard, mais doit correspondre au sens profond du texte biblique. Il ne s'agit pas d'improviser des postures sur une musique connue, mais de laisser la Parole travailler par elle-même selon une technique précise, ce qui demande une formation pour pouvoir l'enseigner. Mais la Parole de Dieu a sa propre pédagogie ; elle fait son chemin par elle-même, prenant chair dans les corps d'aujourd'hui qui la redécouvrent vivante et agissante.

Dans un autre registre, plusieurs redécouvrent leur corps lors des sessions de danses bibliques ou de danses d'Israël. Chaque geste a une signification dans ces danses. Par la musique et la danse, le corps exprime sa relation au Seigneur. N'oublions pas que le roi David a dansé devant l'arche d'Alliance avec tout l'élan de son cœur et que cela a plu à Yahvé. La rythmo-catéchèse et les danses d'Israël permettent de vivre la Parole en profondeur avec son corps. Elles donnent la joie de

113

rencontrer l'autre et Dieu par le corps et la prière. À cet égard, elles permettent une connaissance de soi et une meilleure acceptation de son corps, ce qui est déjà une bonne nouvelle en soi.

Les groupes de prière

Que de personnes ont retrouvé la foi, leur corps et la prière en fréquentant des groupes et communautés issus du Renouveau charismatique. Ce fut l'expérience du comédien Michael Lonsdale. Bouleversé par un rassemblement de trois cents personnes qui louaient le Seigneur les mains levées, il a rejoint un petit groupe de prière chaque semaine. Il fut impressionné de la manière dont chacun partageait la prière. Il y avait l'imposition des mains pour une personne qui le désirait. Elle se mettait à genoux, les membres du groupe posaient la main sur son épaule et priaient l'Esprit. Plusieurs ont des réticences face à tant de démonstration d'émotion. C'est une question de sensibilité personnelle, remarque Lonsdale :

> Mon cœur d'artiste, lui aussi très émotif, trouvait au contraire, dans cette forme de prière spontanée, une libération. J'avais buté tant d'années sur la prière parce que j'avais une idée très cérébrale, très intellectuelle de la prière. Je découvrais enfin la possibilité de prier avec mon corps, avec mon affectivité, avec mon être. Une prière qui, dans ce groupe né du Renouveau, prenait le plus souvent la forme de la louange. J'ai pris aussi conscience que la prière chrétienne pouvait se faire pour les autres. Qu'il ne s'agit pas simplement de dialoguer personnellement avec Dieu, mais de porter – au sens fort du terme – les autres dans la prière, c'est-à-dire de demander pour eux le secours de l'Esprit. Depuis ce jour béni, ma prière est habitée de mille visages ! (*Panorama*, avril 2007, p. 19.)

LA PRIÈRE
DE L'ÉGLISE

Les soirées de prière commencent souvent de la même manière. Au début, des chants de louange ouvrent les cœurs à la joie de l'Esprit Saint. Le corps s'exprime non seulement par la voix, mais par les mains levées, le battement des mains, la danse parfois. C'est une expérience de prière communautaire où chacun communie à la prière de l'autre. Le rôle de la Parole de Dieu est central durant la prière. Elle est proclamée, chantée, partagée. L'exercice des charismes, comme le chant en langues, les paroles de « science » ou de connaissance, qui révèlent à l'assemblée une action de l'Esprit, peuvent surprendre le néophyte. Le tout se termine souvent par l'eucharistie, mais toujours par l'action de grâce et la joie.

La prière charismatique est une prière spontanée qui accorde une grande importance non seulement à la louange mais aussi à l'intercession, notamment pour une guérison. Certes, il peut y avoir exaltation de la part de certains « bergers », surchauffe spirituelle lors de témoignages, manque de moments de silence dans la prière, absence de discernement, mais il ne faut pas éteindre l'Esprit pour autant, surtout s'il y a des fruits concrets, comme la solidarité envers les exclus, l'engagement social et l'amour de la prière. Nous retrouvons souvent ces personnes engagées dans leurs paroisses et dans la cité. Les papes Paul VI, Jean-Paul II et Benoît XVI ont tous reconnu le Renouveau charismatique et les communautés nouvelles qui en découlent comme des signes d'espérance dans l'Église de ce temps.

Les reliques des saints

Le culte des saints est une autre réalité de la foi catholique où le corps est mis à contribution dans la prière. Les tombes des saints ont de tout temps fait l'objet de

115

vénération, suscitant même la construction de basiliques, d'oratoires, de centres de pèlerinage. Au-delà des dérives possibles, comme la superstition ou la magie, l'Église a toujours considéré comme légitime la vénération des reliques. L'Esprit Saint réside en ceux et celles qui sont morts dans le Christ ; ils sont plus vivants que jamais. C'est lui que nous rencontrons à travers ses témoins, car les gens ont besoin de modèles qui ne soient pas trop loin d'eux. En vénérant les restes du corps d'un saint ou d'une sainte, c'est la victoire du Ressuscité qu'on acclame. Les reliques conservent la trace du témoin invisible et permettent aux fidèles d'en recueillir le souvenir visible.

Par exemple, quelle ne fut pas ma surprise de voir l'engouement des foules lorsque le reliquaire de Thérèse de Lisieux est venu au Canada à l'automne 2001. Depuis 1994, la pérégrination des reliques de la petite Thérèse est un véritable phénomène qui rassemble des foules considérables partout dans le monde[1]. Le reliquaire offre aux fidèles l'occasion d'exprimer leur foi et leur amour avec tout leur corps, dans un climat de liberté et de fête : marcher en procession, prier seul ou avec d'autres, chanter, allumer un lampion, méditer en silence, écrire des intentions de prières, offrir des roses, repartir avec une pensée biblique ou de Thérèse...

J'ai accompagné le reliquaire de Thérèse pendant un mois au Québec. Je fus souvent ému de voir les gens de tous les âges et de toutes les conditions recueillis devant les restes de son corps. Il y eut près de deux millions de personnes de quarante-neuf diocèses de tout

---

1. Voir le récit inédit de cette pérégrination du reliquaire de Thérèse dans Christophe Rémond, *Un amour universel. Fioretti de Thérèse de Lisieux*, Presses de la Renaissance, 2005.

le Canada qui ont ainsi défilé devant ses reliques. C'est comme si la petite Thérèse redonnait l'Église aux gens ordinaires. Les célébrations liturgiques étaient plus vivantes, moins cérébrales. Les fidèles pouvaient y participer activement avec tous leurs sens : voir et toucher le reliquaire, sentir l'encens et les fleurs, entendre la Parole de Dieu, manger le Pain de vie, chanter, marcher, goûter le silence, prier à genoux, debout ou assis. C'était pour eux une sorte de pèlerinage où ils priaient près d'un témoin qui avait du sens[1].

La psychanalyste Bernadette Lorenzo-Escoffit souligne qu'on a souvent négligé le langage du corps dans la recherche spirituelle. Selon elle, cela vient en partie d'un certain mépris de la piété populaire. La vogue actuelle pour les pèlerinages à pied, le culte des saints, les grands rassemblements de foi peut être considérée comme un retour du corps dans la prière.

> On a détruit tout un christianisme qui pouvait s'exprimer symboliquement par le corps, qui était un lieu de liberté vraie, une façon de vivre l'incarnation. Il y a eu une crainte romaine de la liberté des croyants ! (*Panorama*, avril 2007, p. 26.)

Il n'y a pas deux sortes de foi chrétienne : une foi populaire pour les gens ordinaires et une foi savante pour les intellectuels. La foi demeure, mais les expressions varient. La vénération des reliques n'est pas d'abord une expression de la foi populaire, elle est surtout une expression populaire de la foi.

---

1. Je relate cette expérience des reliques au Canada dans *Fioretti de sainte Thérèse*, Novalis, 2005 ; *Thérèse de l'Enfant-Jésus au milieu des hommes*, Parole et Silence, 2005.

EXERCICE PRATIQUE

S i le reliquaire de sainte Thérèse s'arrête à une église près de chez toi, voici un petit mode d'emploi pour le vénérer. Regarde d'abord le reliquaire avec foi. Tu es en présence d'une sainte que Jean-Paul II a désignée comme une enseignante exceptionnelle, un docteur de l'Église. Tu peux demander à Thérèse de t'aider à te rapprocher de Dieu, à raffermir ta foi, à t'abandonner à l'amour et à la confiance. Confie-lui ce qui te préoccupe. N'a-t-elle pas dit qu'elle passerait son ciel à faire du bien sur la terre ? Tout en priant, tu peux poser une main sur le reliquaire. Il est possible de l'embrasser ou de déposer un baiser du bout des doigts. Il s'agit d'autant de gestes de confiance, d'intimité et de respect. Il convient de faire le signe de la croix après avoir touché le reliquaire. Ne fais pas de génuflexion car il s'agit d'une marque de respect que tu portes uniquement au Seigneur. Après avoir vénéré les reliques, tu peux inscrire sur une feuille de papier tes intentions spéciales, que tu déposeras dans les corbeilles posées tout près du reliquaire. Tu peux par la suite prendre quelques instants pour te recueillir à l'intérieur de l'église.

Prière

J'ai vu des gens simples se rassembler en silence.
J'ai vu des gens timides s'ouvrir comme des roses.
J'ai vu des gens blessés faire communauté.

J'ai vu des gens trahis s'asseoir à la table du pardon.
J'ai vu des gens meurtris chercher la vie en abondance.
J'ai vu des gens troublés renaître à la douleur de l'autre.

J'ai vu des gens en prière découvrir qu'ils sont l'Église.
J'ai vu des gens ouverts mendier une parole de tendresse.
J'ai vu des gens debout comme des phares dans la nuit.

J'ai vu ces gens aux noces de l'Agneau
devenir eucharistie.
J'ai vu ces gens aux mille visages former
le corps du Christ.
J'ai vu ces gens en marche s'engager
au service du monde.

J'ai vu tous ces citoyens du ciel et je t'ai reconnu Père.
J'ai vu ta Parole et ton Souffle marcher avec eux.
J'ai vu que nous étions les pierres vivantes de ta maison.

Jacques Gauthier, *Prières de toutes les saisons*,
op. cit., p. 63.

CHAPITRE 9

Petit carnet du priant

J e viens tout entier. « Me voici, Seigneur ! » Me voici avec mon corps, jeune, ardent, pas encore usé. J'aime être là, devant Toi, immobile. Le sang coule en mes veines. Ecoutes-en les marées. J'arrive tel que je suis avec ce corps qui est moi aux yeux des autres.

Jean-François Béal, cité dans « Apprendre à prier en silence », *Fêtes et Saisons*, n° 560, décembre 2001.

La prière est à base d'humilité, et mon « humus », c'est mon corps. C'est le corps qui convoque devant Dieu cet individu précis, ce moi concret avec sa fatigue ou son bien-être, son besoin de paix et son bazar intérieur. Prier est d'abord une posture, une façon de se tenir, une respiration, un environnement. Le corps m'introduit à la présence à moi-même, à moi tel que je suis et non pas tel que j'aimerais être.

Paul Guérin, dans *Panorama*,
janvier 2007, p. 41.

La prière est vie vécue devant Dieu, et celle-ci ne peut se donner en dehors du corps. Le corps est désir de Dieu. Dans la prière, c'est tout le corps de celui qui prie, c'est-à-dire sa personne tout entière, qui entre en relation avec le Seigneur.

Enzo Bianchi, « Prie avec ton corps »,
Panorama, février 2006, p. 41.

J'aime prier debout. J'aimerais être enterré debout, en signe de prière de résurrection, en signe d'attente de la résurrection.

Jean-François Six, *La prière et l'espérance*,
Seuil, 1968, p. 50.

Il faut prier avec une telle intensité que l'on voudrait avoir tous ses membres, toutes ses forces, les yeux, les oreilles, la bouche, le cœur et tous les sens consacrés ; et l'on ne doit pas cesser avant d'avoir éprouvé que l'on devient un avec ce qui est devenu présence et que l'on prie, c'est-à-dire Dieu.

Maître Eckhart, cité dans *Famille chrétienne*,
n° 1336, p. 32.

Les larmes que tu vois verser avec telle abondance par Madeleine tout en pleurs aux pieds de Notre Seigneur sont le cœur qui se liquéfie : sa seule peine est que son corps et son âme tout entiers ne puissent être que larmes.

Angelus Silesius, *Le Pèlerin chérubinique*, Cerf, 1994, p. 174.

Dans mon être profond, il y a un espace où je peux m'agenouiller, me recueillir et contempler le travail que mon corps a accepté de souffrir pour que souffle en moi un vent de rédemption.

Réjane Briand, *Un grand vent du large*, Novalis, 2002, p. 143.

Bienheureux les désencombrés, leurs corps sont sans attache ! Bienheureux les corps qui sont libres de s'en aller et qui choisissent de servir, la parole faite chair demeure en eux !

Jacques Gauthier, *Les mots de l'Autre*, Novalis, 2004, p. 51.

L'âme ne se ramasse pas en elle-même mais, avec le corps, se livre tout entière au mystère [...]. Vous êtes là, voilà tout, et rien n'est moins facile que d'être pleinement là. Que vous soyez dans la fatigue, le dégoût, dans les torpeurs de la digestion, peu importe, l'important est d'être là en vérité, face à face avec ce qui se révèle de votre faiblesse et de votre espérance dans le silence et la solitude, comme vous y serez acculé à votre heure dernière. Vous éprouvez alors l'excès de

PETIT CARNET DU PRIANT

123

votre présence. Vous vous mettez à chanter la merveille de l'existence ou à crier la détresse du monde. Car l'authentique prière est toujours un mystère de mort et de résurrection. Elle nous place au seuil de l'autre Vie.

Fabrice Hadjadj, *Réussir sa mort*,
Presses de la Renaissance, 2005, p. 323-324.

La prière est une exigence vitale de la foi, sans laquelle la vie spirituelle s'étiole. À la longue, il n'est pas plus aisé d'être chrétien sans prier que de vivre sans respirer. Le croyant a besoin de la prière pour entretenir sa foi, comme il a besoin d'air et de nourriture pour exister. Il ne vit de sa foi que dans la mesure où il prie.

Adalbert Hamman, *Abrégé de la prière chrétienne*,
Desclée, 1987, p. 8.

Prier, ce n'est pas « faire » encore quelque chose de plus au cours de notre journée, c'est nous laisser faire par le Christ... Être là, simplement, gratuitement... Se mettre à genoux pour reconnaître, avec le corps, que Dieu est beaucoup plus grand que tout ce que nous pouvons imaginer. Ouvrir les mains vers le ciel, en signe d'accueil et d'attente.

Frère Alois, de Taizé, dans *Panorama*,
décembre 2005, p. 18.

Le jeûne et la prière vont ensemble : la prière obtient la force de jeûner, et le jeûne mérite la grâce de prier.

Bernard de Clairvaux, *Sermons divers*,
dans *Œuvres complètes*, Vives, 1867.

Celui qui jeûne se fait transparent. Les autres lui deviennent transparents. Leurs douleurs entrent en lui, et il est sans défense contre elles.

Doumerc, *Dialogue avec Lanza del Vasto*, Cerf, 1980.

Dans le jeûne, notre prière se fait corporelle, elle s'incarne en chacun de nous, et notre rapport intellectuel avec la réalité se complète pour confesser à travers les fibres de notre corps que nous cherchons Dieu, que nous désirons sa présence pour vivre, qu'au-delà du pain nous avons besoin de sa parole.

Enzo Bianchi, *Donner sens au temps*, Bayard, 2004, p. 61.

Se refuser la nourriture du monde signifie que nous voulons exprimer jusque dans le corps notre faim du siècle à venir et de Jésus lui-même, le Pain descendu pour nous du ciel (Jean 6, 33). Quand le jeûne est vécu dans cette perspective, il met en branle, à l'intérieur de l'homme, un processus de maturation spirituelle par lequel, lentement mais sûrement, celui-ci est entraîné vers sa nouvelle réalité d'existence, vers son être-dans-l'Esprit Saint.

André Louf, *Apprends-nous à prier*, 1974, p. 136.

Faire l'unité en tout son être par le silence intérieur, c'est ramasser toutes ses puissances pour les occuper au seul exercice de l'amour, c'est avoir cet œil simple qui permet à la lumière de Dieu de nous irradier. Une âme qui discute avec son moi, qui s'occupe de ses sensibilités, qui poursuit une pensée inutile, un désir quelconque, cette âme disperse ses forces, elle n'est pas tout ordonnée à Dieu.

Élisabeth de la Trinité, dernière retraite 3,
Œuvres complètes, Cerf, 1991.

Ma prière ? Rechercher Ta présence, Seigneur. Etre avec Toi, y demeurer, souvent silencieux, simple présence. Les amoureux ont-ils besoin de tant parler pour être présents l'un à l'autre et heureux ensemble ?

Pierre Guilbert, « Misère et pauvreté de ma prière »,
Panorama, juin 2004, p. 30.

Je crois à la valeur infinie du corps humain et à son éternité. Je crois que Dieu est la Vie et le secret du corps comme Il se révèle en lui. Je crois que Dieu se fait corps autant qu'Il se fait homme. Je crois que le corps ne devient lui-même qu'en déployant la dimension mystique qui le personnifie et qui échappe à toute possession. Je crois que l'amour est un sacrement qu'il faut recevoir à genoux. Dieu est donc bien le Dieu des corps, comme nos corps sont appelés à devenir le corps de Dieu pour donner des larmes à sa douleur et plus encore pour nous rendre sensibles : le sourire du Bon amour.

Maurice Zundel, *Vivre Dieu*,
Presses de la Renaissance, 2007, p. 197.

PETIT CARNET
DU PRIANT

CHAPITRE 10

Prières du monde

Voici l'aurore

Voici l'aurore
Voici mes mains
Ô mon Dieu
Je te les donne.

Les œuvres de la nuit
Ne pas les faire miennes
Ne pas y consentir.

Mon désir, cette journée
Te l'offrir sans réserve

Rester inébranlable
Libre de tout péché.

Je rougis, à mon âge
Être encore mauvais
Et partager ta table.

Vois mon désir
Ô mon Christ
Avec toi
Le chemin est aisé.

Grégoire de Naziance,
cité dans *Les plus belles prières des Pères de l'Église*,
Prions en Église, hors-série, 2004, p. 15.

Dans la plénitude

Mon Dieu, j'aime la plénitude
qui jaillit du corps, force de la vie
traversant les saisons et les âges.

Quelle découverte pour moi
fut la plongée dans une prière
bercée par mon rythme vital,
relié à celui de tous les vivants…
Inspir : je reçois de toi le souffle qui m'anime,
expir : je te rends la vie que tu m'as donnée.
Minutes précieuses de la présence à soi,
partant du centre de moi-même,
où le silence du corps attentif
peut devenir rencontre avec Toi,
rencontre où peu à peu je suis devenue moi.

Corps de jeunesse à l'activité triomphante,
corps de douleur affaibli par les ans,
marqué par la fatigue et par l'épreuve.

Tu me soutiens dans ce rythme incessant
et tu seras présent
quand ma vie va basculer dans Ta vie,
corps et âme,
pour la joie finale.

Janine Feller, dans « Prier de tout son corps »,
Prier, hors-série n° 68, 2003, p. 27.

Ô Toi dans le fond de mon cœur

Ô Toi qui es venu dans le fond de mon cœur,
donne-moi d'être attentif seulement
à ce fond de mon cœur !

Ô Toi qui es mon hôte dans le fond de mon cœur,
donne-moi de pénétrer moi-même
dans ce fond de mon cœur !

Ô Toi qui es chez Toi dans le fond de mon cœur,
donne-moi de m'asseoir en paix
dans ce fond de mon cœur !

Ô Toi qui seul habites dans le fond de mon cœur,
donne-moi de plonger et de me perdre
en ce fond du fond de mon cœur !

Ô Toi qui es tout seul dans le fond de mon cœur,
donne-moi de disparaître en Toi,
dans le fond de mon cœur !

Versets tamouls d'un chant du sud-est de l'Inde,
dans *Les quatre saisons. Été*, Desclée-Mame, 1977.

PRIÈRES
DU MONDE

Debout devant toi

Seigneur, me voici devant toi, pétri de ce monde,
de mon histoire personnelle et de celle de l'humanité,
de mes souffrances et de mes limites,
mais aussi de mes qualités et de mes possibles.

Je suis solidement enraciné dans cette terre
dont je suis et que tu nous confies.
Mes pieds sont bien plantés dans cet humus
pour rejoindre mon humilité.
Le haut de mon crâne rejoint le ciel.
Entre Terre et ciel, je trouve ma grandeur d'homme,
mon identité d'homme debout, de fils ou fille de
Dieu.
Je me pose dans la coupe de mon bassin,
lieu de confiance et de solidité profonde.
Je me lâche dans mes épaules,
dans mon petit moi et accepte de compter
plus sur toi que sur mes propres forces.

À travers le va-et-vient de la respiration,
je reçois le souffle de la vie, de ta Vie.
Je la laisse couler en moi et m'ouvre largement
dans la zone du cœur et jusque dans mes bras,
jusque dans mes mains disponibles
pour donner et recevoir, accueillir l'autre.

Me voici, Seigneur, debout devant toi.

Agnès Delcaux, *Prier*, n° 239,
mars 2002, p. 5.

Hommage à toi, Souffle

Hommage à toi, Souffle, quand tu respires,
hommage soit à toi quand tu inspires,
hommage à toi quand tu t'éloignes,
hommage à toi quand tu t'approches !
Cet hommage est pour le tout de toi.

Le corps aimé qui est tien, ô Souffle,
le corps plus aimé qui est tien, ô Souffle,
et le remède qui est à toi,
assigne-les-nous pour que nous vivions !

Le Souffle revêt les êtres
comme le père revêt son fils aimé,
le Souffle est le maître de toutes choses,
de ce qui respire et ne respire pas. [...]

L'homme inspire, l'homme expire,
étant encore dans la matrice.
Dès que tu l'animes, ô Souffle,
il reprend naissance. [...]

Le Veda. Textes choisis, éd. Planète, 1967,
cité dans *Quand les hommes parlent aux dieux*,
Bayard, 2003, p. 103-104.

Au plus fort de l'épreuve

Au plus fort de l'épreuve,
Où toute chair est dans sa nuit,
J'appelle vers la grâce
Pour éveiller le jour :
Mon âme attendra l'Époux qui vient
Sur les nuées du ciel.

Il n'est point de ténèbres
Que ne déchire le soleil ;
L'éclat du Fils de l'Homme
Brille jusqu'aux Enfers :
Mes yeux vont rester fixés sur lui
Qui me prendra la main !

Il saisit ma main droite
Pour m'arracher à toute mort.
Comment refuserais-je
Un tel retournement ?
Mon cœur s'est ouvert, brûlé de joie,
Quand il a dit mon nom !

Didier Rimaud, *À force de colombe*,
Cerf, 1994, p. 29.

Seigneur, je danserai pour Toi

Seigneur,
tends-moi la main
et je danserai pour toi.

Dans ton amour pour nous,
tu as fait bien des pas.
Tu as parcouru
les routes poussiéreuses de Galilée
pour annoncer la Bonne Nouvelle.
Tu n'as pas reculé sur le chemin qui te menait
au Mont des Oliviers.

Et dans la beauté de ta résurrection,
tu t'es révélé à tes disciples.
Tu en as même rencontré quelques-uns
tout discrètement,
sur la route d'Emmaüs.

À chacun, à chacune,
tu as dit ta présence chaleureuse et ta fidélité.
Avant moi, tu as marché sur le chemin
où tu m'appelles aujourd'hui.

Dans mes ténèbres,
tu seras la lumière de mes pas.

Dans ma faiblesse,
tu seras la force de mon cœur.

Je sais que dans l'élan de ton esprit
je danserai ma mort
et que je sauterai jusqu'à toi.

Jacques Dubuc, prêtre québécois et danseur professionnel,
mort d'un cancer en 1998, à l'âge de 43 ans.
Il a écrit cette prière durant sa maladie.
(cité dans *Annales d'Issoudun*, juillet-août 2000.)

PRIÈRES DU MONDE

L'amour maternel de Dieu

Ô Marie,
toi qui à la crèche as donné un corps au Fils de Dieu,
qui à la croix as donné un corps à son Église,
et qui au cénacle as assisté chaque membre
de ce corps à recevoir l'Esprit,
fais que la femme d'aujourd'hui
n'oublie pas la merveille de la maternité humaine,
ni celle plus merveilleuse encore de la maternité
divine,
afin que tous et toutes
nous puissions participer pleinement avec toi
à l'Amour maternel de Dieu.

Car il est maternel l'Amour de Dieu
qui nous porte en lui depuis avant le commencement
du monde,
et entre dans le sein d'une femme pour naître d'elle.
Car il est maternel l'Amour de Dieu
qui prend corps pour être encore plus avec nous,
et accueille la douleur pour nous enfanter à nouveau.
Car il est maternel l'Amour de Dieu
qui souffre non seulement par miséricorde pour nous
mais aussi par compassion avec nous,
et nous prodigue la joie d'en porter le fruit aux autres.
Car il est maternel l'Amour de Dieu
qui nous divinise de son regard aimant
comme une mère humanise son enfant,
et nous transforme en lui pour devenir ses enfants.

Ô Marie, Mère de la terre entière,
fais qu'à mon tour et comme toi je donne Dieu au
monde,
fais que je donne naissance à Dieu.

Danielle Blanchet, recluse missionnaire,
Bulletin de l'Union canadienne des religieuses contemplatives,
n° 4, 2006.

PRIÈRES
DU MONDE

Le soir en ta présence

Comme il est bon, Père,
de laisser, le soir, mon corps et mon cœur
se détendre en ta présence…
Je me prosterne devant toi et je t'adore,
toi, en qui je peux tout aimer,
ma tête dans le creux de mes mains,
courbée jusqu'au sol même.
Je te sens me porter, m'apaiser, je me blottis en toi.
Je retrouve la tendresse et la simplicité de l'enfance.
Aussi librement qu'un enfant, les yeux fermés,
je déroule le jour passé, son lot de présences,
d'amitiés échangées, de travail accompli.
Et je te dis : merci !
Je laisse aller ce qui n'est pas venu de Toi,
ténèbres qui s'évanouissent dans la nuit.
J'espère en ta miséricorde.

Et puis je prépare demain,
où tu m'appelleras, je le sais,
à te voir et à te dire, à te louer et t'annoncer.
Alors, je sens ta paix m'envelopper peu à peu.
Je n'ai pas même peur de m'endormir en te priant !
Je sais ton bonheur, Père infiniment bon,
du sommeil où je ne peux plus distinguer
le *Notre-Père* du *Je vous salue*.

Père Emmanuel Lafont, *Prier*,
octobre 2005, p. 5.

PRIÈRES
DU MONDE

Épiphanie de ton corps

L'aube s'ennuie-t-elle de la rosée,
et la lune ignore-t-elle les étoiles ?
Même si cela était possible,
je sais, Seigneur, que tu ne m'oublieras jamais.
Sois l'étoile du matin qui se lève dans mon corps
appelé à la gloire de ta résurrection.

Je ne me soucie pas de ce qui m'enfante,
tu es là et cela suffit pour ma quête.
Merci de naître en moi chaque jour,
Dieu de ma joie.

Je vis à la hauteur de ton cœur,
si près que je ne vois pas ton visage.
Des étoiles mouillent mes yeux,
épiphanie d'une prière de silence.

Aucune étoile ne perce le secret de ma nuit,
sinon la foi qui me guide mieux que le soleil
sur une route connue de toi seul,
enfant de Bethléem, corps du Verbe,
mon Seigneur et mon Dieu.

Jacques Gauthier, *Prières de toutes les saisons*,
op. cit., p. 37.

Pour ne pas conclure

« **M**erveilles que tes œuvres, Seigneur, et merveille que je suis », lit-on au Psaume 138. Oui, et quel prodige que le corps de l'homme et de la femme ! Il dépasse en dignité et en grandeur les plus belles merveilles du monde. La vie se déverse en ses membres et le battement de l'univers se mêle à son sang. Nous faisons le moindre geste, et voilà des millions de cellules qui s'activent. Par notre frère le corps, nous aimons et créons avec nos sens, nous chantons et prions le Seigneur de tout notre cœur.

Nos premières impressions, intuitions, émotions viennent du corps. Sexué dès le sein maternel, il porte en lui un feu qui fait vivre ou mourir, si nous sommes aimés ou non, si nous choisissons ou non d'aimer. C'est une étincelle à la naissance, une flamme dès l'enfance, un incendie durant l'adolescence, une braise à mesure que l'on vieillit. Comme il est précieux ce trésor qui nous relie au monde et à Dieu.

Le corps est parfois tendu comme un arc. La maladie le darde, la douleur l'épure, mais la joie d'une simple prière de confiance le relève. Il est parfois difficile d'en faire matière à offrande, à la suite du Christ qui a tout donné un vendredi, reliant le haut et le bas sur la croix. On a entaillé son corps et la sève a coulé. Troué au cœur, il est sorti vivant du tombeau au matin de Pâques. Le corps délivré de la mort chante désormais son alléluia.

C'est par mon corps que le Christ s'unit à moi à chaque eucharistie. Il déplie chaque partie de mon être pour que je ne me ferme pas sur moi-même mais que je m'ouvre à la lumière de son Esprit qui me traverse comme un vitrail. Plus je rencontre le Christ dans ma prière personnelle et communautaire, conjugale et familiale, plus « je suis » mon corps, et plus « je fais » corps avec mon épouse et l'Église, le corps du Christ. En me livrant avec le Christ, j'accepte plus facilement d'être pain offert pour les autres, corps vulnérable et désarmé devant le mal.

Mon corps est une lyre silencieuse qui vibre au moindre soupir de résurrection. Je ne le déserte pas puisque Dieu y réside. Temple de l'Esprit, il est l'autel de la prière. Par lui, avec lui et en lui, je célèbre le mystère qui m'habite.

Prier avec mon corps, c'est me lever chaque matin avec le Christ qui naît et ressuscite en moi. Il me rafraîchit l'âme à la première rosée d'oraison comme si je marchais pieds nus dans l'aube.

Prier avec mon corps, c'est m'asseoir droit, le cœur à l'écoute du silence qui me garde et que je reçois gratuitement comme une grâce, dans l'attente du Verbe qui est, qui était et qui vient.

Prier avec mon corps, c'est être debout, avec d'autres croyants, dans une église ou sur les routes, en célébration du Christ ressuscité qui est parole et visage, absence et présence.

Prier avec mon corps, c'est élever les bras et ouvrir la main à l'instant qui passe, disponible à la musique qui va naître, un peu comme l'orchestre attend le signal du chef avant de commencer à jouer.

Prier avec mon corps, c'est chanter des hymnes au Seigneur, le louer à la ville comme à la campagne. C'est danser avec les premiers flocons de neige qui recouvrent ma tête d'une joie légère.

Prier avec mon corps, c'est entrer d'une seule voix dans la psalmodie des psaumes, en communion avec des moines ou des frères et sœurs d'une communauté nouvelle, portés tous ensemble par un même souffle.

Prier avec mon corps, c'est savoir respirer entre deux mots, deux notes, deux silences, deux pas, comme au sommet de montagnes enneigées, et écrire la joie qui fait fondre mes résistances.

Prier avec mon corps, c'est partir en éclaireur, plus loin devant, dans une même cordée d'enfants, à la recherche de celui qui est plus présent en nous que nous le sommes à nous-mêmes.

Prier avec mon corps, c'est renouveler mon consentement joyeux à la présence trinitaire au-dedans de moi et de mon épouse. C'est nous émerveiller de son rayonnement dans notre vie et de son amour infini dans l'étreinte de nos corps offerts.

Prier avec mon corps, c'est, avec Jésus, regarder les lys des champs, entendre le chant du vent, respirer le parfum versé sur ses pieds, goûter le fruit de la vigne, toucher la main de la fille de Jaïre, en disant : « Lève-toi. »

Prier avec mon corps, c'est me laisser travailler par la Parole, à la manière de Marie qui s'est laissé transformer par le souffle de l'Esprit pour accueillir Jésus, la Parole faite chair.

Prier avec mon corps, c'est « marcher » le chapelet au rythme des Ave, en méditant pas à pas les mystères joyeux, douloureux, lumineux et glorieux.

Prier avec mon corps, c'est me purifier le cœur par des larmes de joie en accueillant l'amour du Père et du Fils. C'est pleurer de componction devant mon incapacité à aimer tout en communiant à la compassion du Christ.

Prier avec mon corps, c'est m'abandonner au Père qui me façonne tendrement comme l'argile, c'est me laisser saisir par le Christ qui me lave les pieds, c'est consentir au souffle de l'Esprit qui respire par mon souffle pour que je le donne aux autres.

Prier avec mon corps, c'est remettre mon esprit entre les mains du Père, comme Jésus à la croix. C'est, à l'heure de la mort, lui rendre le souffle qu'il m'a donné en disant avec beaucoup de reconnaissance : « Merci, Père, de m'avoir créé pour l'éternité. »

Table

2NDE PARTIE

Le mensuel de la prière

Pour vous guider sur le chemin de la prière, retrouvez chaque mois :

• une rencontre avec un grand témoin qui nous fait partager son aventure spirituelle et son expérience de vie

• des textes nourris de la vie ou de la Bible qui vous ouvrent un espace de paix

• des initiatives et des rencontres qui vous donnent la force de changer le monde

• des chroniques et commentaires du père Patrice Gourrier, de Jacqueline Kelen, de Dominique Ponnau, du père Bernard Ugeux, de Jacques Gauthier...

GRATUIT

« *Prier au quotidien* »
*est un supplément de 48 pages
qui propose pour chaque jour
une prière à méditer, les références
liturgiques et le Saint du jour.*

EN CADEAU

une image, un signet,
une prière illustrée à découper,
à glisser dans son agenda
ou à offrir autour de soi,
des fiches bibliques à collectionner.

Disponible en librairie religieuse ou sur le site www.prier.presse.fr
163, bd Malesherbes - 75859 Paris cedex 17

▶ **N° Indigo** 0 825 801 045

0,15 € TTC / MN

Pour en savoir plus
sur les Presses de la Renaissance
(catalogue complet, auteurs, titres,
extraits de livres, revues de presse,
débats, conférences...),
vous pouvez consulter notre site Internet :

www.presses-renaissance.com

Achevé d'imprimer au Canada en novembre 2007
sur les presses de Quebecor World Saint-Romuald